Lilo Hosslin

Blumenpracht – leicht gemacht

Illustrationen von Walter Matysiak

Herder Druck Freiburg im Breisgau 1973
ISBN 3-451-16260-1

Lilo Hosslin

Blumenpracht – leicht gemacht

Jahreskalender für den Haus-, Balkon- und Zimmergarten

Zweite Auflage

Herder Freiburg · Basel · Wien

Inhalt

Neben dem Text dieses Gartenbuches stehen die folgenden fünf Zeichen:

 = hier geht es um Pflanzen und Umtopfen

 = Schneiden, Beschneiden

 = Gießen

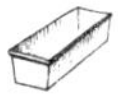 = Aussaat

! = wichtige Grundregeln, besondere Tips

Januar

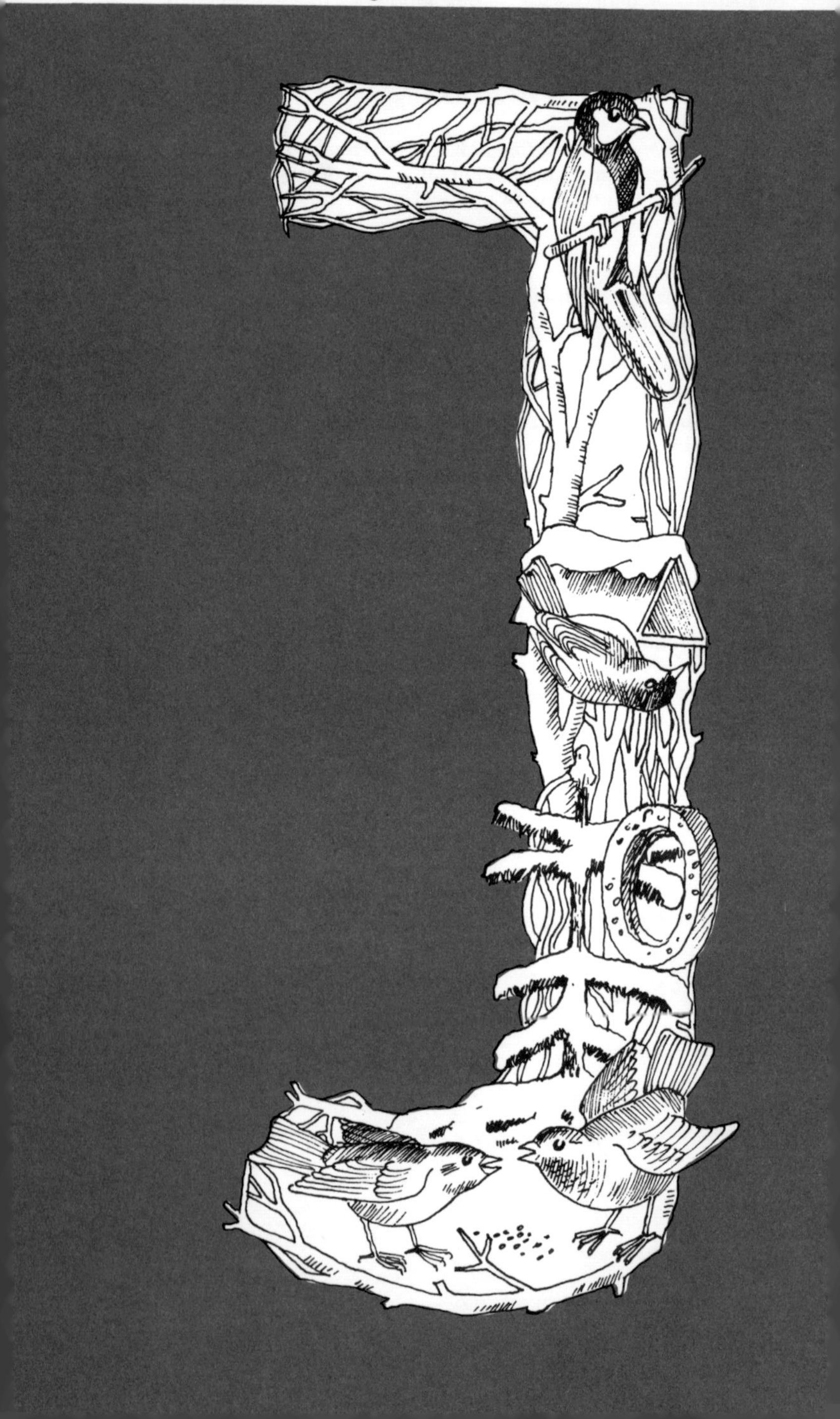

Es ist Neujahr: Ein Tag der „guten Vorsätze"! Ob diese Vorsätze jemals gehalten werden – steht in einem anderen Kapitel ...

So oder so: ich habe mir einiges vorgenommen; es wird zum Beispiel unbedingt notwendig sein, daß ich meiner heißgeliebten „Robinia hispida" die schwere Schneelast regelmäßig von den Zweigen schüttle. Die brüchigen Äste dieses wundervollen Ziergehölzes sollen nicht ein zweitesmal knicken, nur weil ich zu bequem war, meine Nase für wenige Minuten an die „Schnee"-Luft zu strecken!

Auch manch anderem Gehölz gefällt es weitaus besser, wenn ihm der schwere Schnee abgenommen wird; eine Ausnahme macht hier allerdings mein Weihnachtsbaum! Er hat sein glitzerndes Gold- und Silberkleid abgelegt und fühlt sich vorläufig behaglich wohl – im leeren, winterlich verwaisten Loch der Wäschespinne. Was wäre einem wurzellosen Tannenbaum mehr zu gönnen – als ein duftiges, beinahe bräutlich-weißes Schneeflockenkleid?

Bereits tummelt sich eine fröhliche Vogelschar unter diesem neuen „Gartenbewohner", und anstelle der Weihnachtskugeln hängen jetzt ausgehöhlte, zu Futterhäuschen „umgebaute" Kokosnußschalen in seinen Zweigen.

Die Vögel halten es nur für wenige Stunden ohne Nahrung aus; sie gewöhnen sich andererseits aber einen regelmäßig betreuten Futterplatz an. Also darf ich nie vergessen, im Futterhäuschen nachzusehen, ob auch immer ein reichgedeckter Tisch für die gefiederten Freunde vorhanden ist. Da ich es aber ungerecht fände, nur den hübschen, bunten Singvögelchen Futter hinzustreuen und ihnen damit möglichst gut durch den Winter zu helfen, schaffe ich auch geeignete Futterplätze für Spatzen und Amseln. Niemand soll zu kurz kommen, ganz abgesehen davon, daß alle frieren und hungrig sind! Rassenunterschiede und parteiische Bevorzugungen soll es auch hier nicht geben.

Wenn ich Zeit und Muße habe, dann will ich ab und zu zum Fenster hinausblicken, um den jeweiligen Augenblick zu genießen. Zu genießen gibt es allerlei. Vielleicht schweben gerade federleichte Schneeflocken vom Himmel herab. Vielleicht blühen vor meinem Fenster die grandiosesten Eisblumen. Vielleicht aber klatscht ein frostiger Eisregen an die Hauswand, oder dicke, skurrile Eiszapfen glitzern an Dachrinnen und Baumästen. Möglicherweise picken just auch hungrige Vögel das Streufutter auf, und ich genieße die Tatsache, mit den hingestreuten Leckerbissen seltene Gäste angelockt zu haben. Dann beobachte ich einen mollig aufgeplusterten Kirschkernbeißer, ein wundervoll buntgefiedertes Dompfaffen-Pärchen und sicher auch einige Amseln, die sich gegenseitig einen Wettkampf liefern, wer in kürzester Zeit das meiste Futter in sich hineinfressen kann!

In meinem Garten steht ein breitausladender Chinesischer Wacholder, unter dessen schützenden Zweigen alljährlich ein Rotkehlchen sein Winterquartier bezieht. Auch ein Vogelwasserbecken steht unter diesem Gehölz, und anstelle von Wasser befindet sich Vogelfutter in dem Becken. Dem üblichen Körnerfutter mische ich immer Haferflocken und kleingeschnittene, zum Teil leicht angefaulte Äpfel bei. Längst kann ich schon beobachten, daß das Rotkehlchen den Haferflocken und Äpfeln den Vorzug gibt. Und das sind nun Augenblicke – ich möchte beinahe sagen „Höhepunkte" –, die mich ausgesprochen glücklich machen. Ich bin glücklich, daß sich auch das Vögelein offensichtlich „glücklich" fühlt, seine Lieblingsspeise regelmäßig vorzufinden.

Größere Vögel, wie Amseln, oder scheue Vögel, wie Spatzen, ziehen es vor, das Futter vom Boden aufzupicken. Unter Sträuchern liegt der Schnee nie besonders hoch; im Nu ist er festgetreten, und dann kann auch hier ein Körner-Haferflocken-Gemisch ausgestreut werden.

Ich wohne etwas außerhalb der Stadt, ganz in der Nähe von Feldern und Waldrändern. Jeden Tag kann ich ganze Krähenschwärme beobachten, die sich auf einem abgeernteten Maisfeld niederlassen. Systematisch scharren diese hungernden Vögel den Schnee weg und suchen geflissentlich nach übriggebliebenen Maiskörnern. Hunderte dieser Vögel scharren und kratzen nebeneinander und finden gelegentlich einen Bissen. Und dieser Anblick tut mir weh! Ich liebe große Vögel – und ganz besonders Krähen. Für sie sammle ich alle Küchenabfälle, bettle auch beim Metzger Fleisch- und Wurstabfälle und trage dieses „Sammelgut" täglich aufs Feld. Es ist beinahe nicht zu glauben: die vielen Krähen kennen mich!

Zuerst sind sie scheu aufgeflogen, um sich in den Baumwipfeln, entlang des Waldrandes, neugierig niederzulassen. Sie beobachteten, wie ich das Futter an geeigneten, hartgefrorenen Plätzen deponierte – und kaum hatte ich mich entfernt, sank eine schwarze „Vogelwolke" zur Erde nieder, die ein ohrenbetäubendes Geschrei zum Himmel aufsteigen ließ. Vielleicht, ja vielleicht war dies ein „Dankgebet der Vögel"?

Ein Dankgebet an den verständnisvollen Metzgermeister und an verwöhnte Menschen, die ihren Teller nicht leergegessen haben ...

Mag das Geschrei der Krähen bedeuten, was es will. Ich empfinde dabei jedenfalls etwas wie Dankbarkeit, daß ich – wenn auch nur im kleinen – einigen hungernden und frierenden Kreaturen eine winzige Hilfeleistung zuteil werden lassen kann, einem unerbittlich harten Winter zu trotzen, ihn hoffentlich auch gut zu überstehen.

Noch etwas anderes habe ich mir vorgenommen: Die kleinen Vögel bekommen jetzt alljährlich im Winter meine alten Samenbestände vorgesetzt. Heißhungrig fallen sie über diese „überlagerten" Samenkörnchen her und ersparen mir damit manch spätere Enttäuschung. Altes Saatgut keimt nämlich sehr schlecht, manchmal überhaupt nicht mehr. Die kleinen Gefiederten wissen dabei nicht einmal, daß sie mir jetzt zu einem besonders glücklichen Januarvergnügen verholfen haben. Oder sind es etwa keine winterlichen Höhepunkte, sich mit Samenkatalogen, Bleistift und Notizpapier zu bewaffnen und in Vorstellungen zu schwelgen, was im neuen Jahr rund ums Haus blühen soll?

Soll ich es Durst, soll ich es Hunger nennen ... dieses Bedürfnis nach frischem Grün in meinen vier Wänden? Nach frischen grünen Zimmerpflanzen, die aber – wenn immer möglich – auch blühen sollen! Aralien, Philodendren, rankende Reben und Efeu,

Bromelien und Grünlilien – sowie die steifen Sanseverien füllen seit Jahren meine Töpfe, und es gelüstet mich nach Neuem.

Zugegeben, die Grünlilien, Bromelien und Sanseverien blühen zeitweise auch, doch birgt dieses Blühen für mich nichts Spannendes, Aufregendes mehr ...

Und hier wird die Ursache meines „Hunger-Durst"-Gefühles zu suchen sein.

Ich lasse mich beim Lesen von Gartenliteratur geradezu beflügeln, und meine Wünsche steigen dabei ins Unermeßliche.

„Blutblume" (Haemanthus coccineus), gelegentlich auch „Rasierpinsel", heißt ein südafrikanisches Knollengewächs, welches seinen Namen einer großen Quaste feiner Blüten mit weit herausstehenden Stempeln und Staubgefäßen zu verdanken hat. Im Winter hat diese Pflanze ihre Ruhezeit und wird dann etwas kühler gestellt. Sie bekommt dann auch weniger Wasser, doch dürfen ihre Blätter nicht völlig absterben. Im Frühjahr, bei voranschreitendem Wachstum, wird die Blutblume wieder durstiger sein, und dann freut sie sich auch über regelmäßige Kunstdüngergaben. Im Laufe des Sommers treibt ein kräftiger Stiel mit vielen Blüten hervor, und im Herbst schmückt sich dieses selten gesehene Gewächs mit roten Beeren. Tönt das nicht verlockend?

Blutblume – Haemanthus coccineus, ein südafrikanisches Knollengewächs für „Kenner"

Halbgefüllter Roseneibisch – Hibiscus

Ich werde jedenfalls schon jetzt in einer Topfgärtnerei nach dieser originellen Blutblume fragen, und vielleicht habe ich Glück . . ., und sie wartet im warmen Treibhaus bereits auf mich!

Eigentlich habe ich ja Zimmerpflanzen in Hülle und Fülle. Es gibt bald keine Ecke mehr, die nicht Träger eines Blumentopfes ist – und wäre das Fensterbrett aus „Brett" und nicht aus Stein, so würde es sich unter der Last der vielen Blumentöpfe bestimmt längst biegen.

So ist es gewiß verständlich, daß ich nicht jeder „Liebe auf den ersten Blick" nachgeben kann, ganz abgesehen von der Tatsache, wie schnell man sich eigentlich verlieben kann. Bis über beide Ohren sogar! In Pflanzen – meine ich natürlich! Dafür spricht ja auch mein Fensterbrett, und die vielen grünen Zimmerecken.

Dennoch muß ich gestehen, daß ich einer großen Liebe – der wunderschönen *Chinarose* – wegen Platzmangels bis vor kurzem standhaft ausgewichen bin. Das war – wie gesagt – bis vorige Woche. Jetzt besitze ich nämlich eine Chinarose! Endlich.

Wie lange es nun dauern wird, bis auch der Geschirrschrank und die Anrichte dazu herhalten müssen, eine Unzahl kleiner

Blumentöpfe tragen zu helfen, weiß ich allerdings noch nicht. Wer mich kennt, weiß, daß ich den Versuch kaum lassen kann, auch die Chinarose durch Stecklinge zu vermehren. Und ich verschenke grundsätzlich keine Pflanze eher, als bis sie ein kräftiges und gesundes Wurzelwerk gebildet hat. Das dauert oft lange.

Die Chinarose segelt auch noch unter anderen Namen, wie zum Beispiel Eibisch, Roseneibisch und natürlich auch *Hibiscus,* dem eigentlichen botanischen Namen dieses exotischen Malvengewächses.

Als Zimmerpflanze wird vor allem die Sorte „Hibiscus rosa-sinensis" gehalten, die bei guter Pflege die Dimensionen eines Strauches erreichen kann und manchmal bis zu 5 Meter hoch wird! Diese Sorte trägt jene prachtvollen roten Blüten, die als „Blumen von Hawaii" besungen werden, denn sie stammt ursprünglich auch aus dem südöstlichen Asien, ist heute aber als Zierstrauch über die warmen Länder der ganzen Erde verbreitet.

Es gibt auch Sorten mit rosafarbenen, gelben und sogar zweifarbigen Blütenkelchen, die eine gewisse Ähnlichkeit mit riesigen Azaleenblüten aufweisen. Einen besonderen Zauber verleihen ihnen jedoch die Staubgefäße und Fruchtblätter. Sie sind zu einer lang herausragenden Säule verwachsen, die vorn in eine auffallende Narbe mündet.

Die recht großen Blüten sind eigentlich nur einen einzigen Tag in ihrer vollendeten Schönheit zu bewundern; dann sterben sie bereits ab. Aber wochen-, sogar monatelang entfalten sich täglich immer wieder neue Blüten!

Erst Ende Oktober beginnt die Ruhezeit der Chinarose. Sie verlangt dann einen hellen und luftigen Platz bei einer Temperatur von etwa 15° C. Für etwas Luftfeuchtigkeit ist sie auch im Winter sehr dankbar.

Im März wird die Chinarose in Einheitserde umgetopft und dann auch wieder ins warme Zimmer gebracht. Von da ab wird reichlich gegossen und pro Woche einmal gedüngt. Während der winterlichen Ruhezeit erhält die Pflanze jedoch nur wenig Wasser und überhaupt keinen Dünger. Im Spätwinter oder jetzt – im Januar – werden die Triebe kräftig bis ins alte Holz zurückgeschnitten. Später werden auch die jungen Triebe öfters gestutzt, damit sie sich gut verzweigen und dadurch auch mehr Blüten heranbilden.

Roseneibisch – Hibiscus – mit einfachen Blüten

Während des Wachstums möchte die Chinarose hell und an einem möglichst luftigen Platz stehen. Sie liebt vor allem die Morgensonne und freut sich, wenn sie tagsüber nicht in allzu starkem Sonnenlicht stehen muß. Wer seine Chinarose zusätzlich hin und wieder lauwarm absprüht, wird mit Vergnügen feststellen, daß die Pflanze dadurch länger – und farblich viel intensiver blüht, was diese Prozedur doch eigentlich absolut rechtfertigt.

Nun also gehört sie mir, die längst ersehnte Chinarose! Sparrig und großgewachsen, beinahe kahl, steht sie da, und ich werde mich beeilen, ihr die Zweige zu kürzen und sie so in Form zu bringen, daß sie meine Liebe auch tatsächlich verdient.

Schon einmal bin ich einer solchen Faszination unterlegen. Auch damals war es „Liebe auf den ersten Blick", eine Liebe allerdings, die mein Herz noch heute zeitweise hoch und höher schlagen läßt, mich manchmal aber auch recht traurig zu stimmen vermag.

Steht sie im Zimmer, dann blüht sie nicht! Darf sie aber in der Küche wohnen, dann blüht sie unaufhörlich! Sie sucht ganz offensichtlich Küchendämpfe, also möglichst viel feuchte Luft.

Ich spreche jetzt von einer aufregend-schönen, südamerikanischen Betörerin – der *„Dipladenia splendens"*. Hier handelt es

Die Dipladenia splendens ist eine Verwandte des Oleanders

sich um ein Schlinggewächs im wahrsten Sinne des Wortes. Innerhalb weniger Tage entwickeln sich lange, feine Triebe, an denen sich in regelmäßigen Abständen kleine Blattpaare abheben, und bei genauem Hinsehen kann man auch schon die winzig-kleinen Blütenknospen entdecken, die sich wenig später zu wundervollen Einzelblüten entfalten. Diese zart rosafarbenen Blüten ähneln den Blüten des bekannten Oleanders – und das ist nicht einmal besonders verwunderlich. Denn als sogenanntes „Hundsgiftgewächs" ist die Dipladenia tatsächlich auch eine recht nahe Verwandte des Oleanders. Letzterer ist während seiner sommerlichen Blütezeit ein wogendes Blütenmeer „par excellence". Die Dipladenia eifert ihrem südlichen Verwandten in dieser Beziehung keineswegs nach. Sie begnügt sich – ich sagte es schon – mit effektvollen Einzelblüten, die wie weithin leuchtende, schmucke „Festtags-Rosetten" an den dünnen, langen Schlingtrieben der Pflanze haften.

„Festtags-Rosetten"? Wer sie sieht, empfindet „Festtags-Stimmung", das steht jedenfalls fest.

Manche Menschen fröstelt es jetzt bestimmt, wenn sie zum Fenster hinaussehen. Mich fröstelt es eigentlich auch. Ganze Kälteschauer jagen über meinen Rücken – aber nicht der Kälte wegen.

O nein! Bei mir ist es jetzt restlose Begeisterung, die mich zutiefst erschauern läßt; ich könnte vor Glück sogar hemmungslos weinen. Man wird mich für einen unverbesserlichen Trottel halten, wenn ich gestehe, daß es eine glitzernde, in herrlichen Rauhreif getauchte Landschaft ist, die mich fast weinen läßt.

Eine Lärchen-Gruppe erweckt den Anschein, als hätte sie den Rauch eines lustigen Feuerleins in ihrem Geäst eingefangen, der dort nun auf geheimnisvolle Weise festgehalten wird beziehungsweise festgefroren ist.

Nicht weit von dieser Gruppe entfernt steht eine mächtige, jahrzehntealte Zeder. Ihre unzählig vielen Nadeln schimmern heute nicht bläulich-grün, sondern glitzern und gleißen in reinstem Weiß.

Die Doldensterne des mächtigen „Bärenklaus", einer großartig verzweigten Herkulesstaude, tragen entzückende Eis-Krönchen, und die zart überhängenden Zweige der Birke blenden mich geradezu, solange sich das Sonnenlicht dort im anhaftenden Rauhreif bricht.

Ein überwältigend schöner Anblick, der mich gefangennimmt, am Fenster festkettet, zum Verweilen und Nichtstun zwingt. Unwillkürlich muß ich darüber nachdenken, wie gut es doch eigentlich sei, gefaßte Vorsätze in die Tat umzusetzen.

Hätte ich im Spätherbst vergessen, meinen „Immergrünen", also nicht nur den Rhododendren und Nadelgehölzen, sondern auch den grünrindigen Ginster-Büschen, dem Jasmin und dem Ranunkelstrauch, tüchtige Portionen Wasser zu bringen, so müßten sie jetzt vielleicht jämmerlich verdursten, nicht etwa erfrieren.

Nicht zu vergessen, den durch ihre grünen Organe Wasser verdunstenden Pflanzen im Herbst genügend Wasservorrat für den Winter zu offerieren – das war ein „guter Vorsatz" des vergangenen Jahres. Heute weiß ich, daß ich gut beraten war, den Vorsatz auch auszuführen.

Ich denke jetzt an Wasser. Der Gedankensprung zu meinem momentanen Pflanzen-Lieblingskind ist deshalb schon gegeben. Natürlich besitze ich viele solche „Lieblingskinder", doch in den kommenden Wochen erfordert meine *Hoya carnosa* eine besonders aufmerksame Pflege: sie hat mehrere Dutzend Blüten angesetzt. Das bedeutet aber, daß ihr Wurzelballen niemals austrocknen darf. Da sie direkt über dem Zentralheizungskörper an einem sonnigen Südfenster steht, wünscht sie in nächster Zeit täglich gegossen zu werden. Solche Wünsche erfüllt man gerne; schließlich bekommt man auch seinen reichen Lohn in Form betörend duftender Blüten dafür.

Die Hoya ist ein sogenanntes „Seidenpflanzen"-Gewächs und gehört zur Familie der „Asclepiadaceen". Allein zur Gattung „Asclepias" gehören nahezu 100 verschiedene Arten, wovon die Wachsblumen der Hoya vermutlich die bekanntesten sind. Die Sorte „Hoya carnosa" aus China und Ostaustralien sieht man bei uns eigentlich recht häufig; nicht so häufig aber sieht man diese Pflanze blühen. Schade. Ihre faszinierenden Blüten sind porzellanweiß und sind zusätzlich noch gegen ihre rote Mitte hin von zartestem Rosa überhaucht. Sie produzieren so reichlich Nektar, daß er oft in glänzenden Tropfen an den Blüten hängt – oder wie Honig auf den Blättern haftet. Der Duft ist schwer, süß – und offensichtlich betörend. Wenigstens für vielerlei Insekten. Scharenweise werden sie nämlich von diesem Duft angezogen, und meine – jährlich zweimal blühende – Hoya carnosa amtet deshalb im Sommer zusätzlich noch als zuverlässige „Fliegenfängerin". Nicht daß die Fliegen an den klebrigen Blüten hängenblieben; nein, sie liegen plötzlich tot zu Füßen dieser Betörerin. Erst glaubte ich, die vielen Fliegen wären betäubt. Bei genauerem Überprüfen stellte ich eindeutig fest, daß sie tot, mausetot waren ... Das finde ich zwar irgendwie praktisch, wenn auch nicht ganz gemütlich. Andere Insekten, wie Bienen, Hummeln – und sogar Schmetterlinge, bedienen sich im Sommer des köstlichen Nektars ... und fliegen dann munter weiter.

Ach, meine Gedanken beginnen auch zu fliegen – dem Frühling und Sommer entgegen.

Dann wird auch meine „Leuchterblume", die *Ceropegia woodii,* wieder blühen. Sie trägt an den lang herunterhängenden, dünnen Zweigen viele, etwa 2 cm lange aufrechte Laternchen, welche oben dunkellila schimmern und auf der unteren Seite etwas heller gefärbt sind. Auch die Leuchterblume lockt mit ihrem schwachen Blütenduft allerlei Fliegen an. Bei dem Versuch, sich auf der Innenseite der Kronzipfel, von denen der verlockende

Hoya carnosa, ein bezauberndes „Seidenpflanzengewächs"

Duft auch ausgeht, niederzulassen, finden die Fliegen auf der glatten Oberfläche keinen Halt und stürzen durch den Trichter in die Blütenröhre. Dort rutschen sie wegen der Beschaffenheit der Oberfläche immer wieder ab, bis sie schließlich in den Kessel gelangen, zu dem die Kronröhre an ihrem Grund erweitert ist. Wen wundert es noch, daß diese Pflanzen auch „Kesselfallenblumen" genannt werden?

Mit diesen seltsamen „Methoden" ist es der Pflanze möglich, mit Hilfe der gefangenen Fliegen die Bestäubung vorzunehmen. Am nächsten Tag neigen sich die Blüten nämlich bereits so, daß ihre Röhre vollkommen waagrecht steht. Jetzt können die Fliegen auch wieder herausmarschieren und die Pollen, mit denen sie sich inzwischen beladen haben, auf eine andere Blüte übertragen, welche übrigens nur so lange duftet, als sie „aufrecht" steht.

Man hat mit Fliegen, die Blüten der Leuchterblume besuchten, recht interessante Beobachtungen angestellt. Stört man zum Beispiel die Tiere, welche im Blütentrichter Halt zu finden versuchen, dann fliegen sie weg. Stört man sie jedoch nicht, dann sind sie nicht in der Lage, wegzufliegen. Man möchte beinahe sagen, daß sie überhaupt nicht mehr auf die Idee kommen, ihre Flügel zu gebrauchen, sondern sie versuchen tatsächlich immer wieder erfolglos, sich mit den Füßen festzuhalten und zu klettern . . . und rutschen dabei schließlich in den Kessel, um ihre Aufgabe zu erfüllen.

Ein winzig-kleines Spinnlein hat meine umherfliegenden Fliegengedanken verscheucht. Das emsige Spinnenwesen hat meine Gedanken zurückgeholt; es hält sie fest am momentanen Augenblick. Woher mag dieses zarte Geschöpflein gekommen sein? Die Wärme hat es wohl angelockt, und nun eilt es geschäftig hin und her und versucht womöglich ein hauchfeines Netz in meinen frühlingshaften Blumenstrauß zu weben. Vielleicht habe ich es mit den im Garten geschnittenen Forsythien- und Mandelbäumchenzweigen ins Haus geholt. Jetzt, wo diese Zweige in herrlichster, überlisteter Blüte stehen, hat auch für das Spinnlein der Frühling begonnen . . .

Wie oft werde ich noch am Fenster stehen und prüfende Blicke durch den Rasen streifen lassen? Wann werden sie aus dem Boden hervorstechen – meine vielen Vorfrühlings-Krokusse?

Obwohl mir die Vögel im letzten Frühjahr alle meine Vorfrühlings-Krokusse ausgerissen und gefressen haben, konnte ich die Finger nicht davon lassen, wieder neue – und noch viel mehr – Zwiebeln dieser zauberhaften Frühlingsblümchen auszupflanzen. So werde ich mir nun wohl vornehmen müssen, im richtigen Augenblick am Fenster zu stehen und die – jetzt mit köstlichem Futter angelockten – Vögel wegzuscheuchen.

Auch meine Rosen werde ich nicht allzu früh zurückschneiden; die schlimmsten Frostnächte sind manchmal erst im März zu erwarten, und dann würden die Triebe allzu sehr zurückfrieren. Ich spare mir diese Arbeit also bis Ende März, wenn nicht gar bis Anfang April auf und vergesse diesmal hoffentlich nicht, daß „nicht-remontierende", also „einmalblühende" Strauchrosen am „alten Holz" beziehungsweise an den mehrjährigen Trieben blühen und deshalb nur wenig, wenn gar nicht geschnitten werden sollten. Schon das Auslichten der alten und schwachen Triebe genügt; nur sollten dieselben dann ganz an der Basis weggeschnitten werden. Die verblühten Blumen dieser Sorten werde ich nie mehr alle entfernen, weil ich diesen Winter erleben darf, wie imposant der Fruchtschmuck solcher Strauchrosen sein

kann; lasse ich doch meine Blicke mit besonderem Vergnügen immer wieder zu den pummeligen Hagebutten schweifen.

Und was ich mir noch vorgenommen habe: mir diesmal nicht zu viel vorzunehmen . . .

Wildkrokusse,
auch unter dem Sammelbegriff „botanische Krokusse" bekannt

Februar

An warmen Süd- und Westfassaden blüht mitten im Winter der liebliche *Winterjasmin (Jasminum nudiflorum),* der gar zu oft mit den ganz ähnlich gelb blühenden Forsythien, auch „Goldglöckchen" genannt, verwechselt wird. Die Zweige der Forsythien wachsen mit Ausnahme der Sorte „suspensa" straff aufrecht, während die feinen Zweige des Winterjasmins überhängend oder rankend sind – und wir somit diesem winterblühenden Strauch ebenfalls an Böschungen und Spalieren begegnen. Wer ein solches Ziergehölz besitzt, wird in den langen Wintermonaten nie ratlos vor leeren Vasen stehen müssen.

Diese zarten Sträußchen duften aber nicht, und bei meinem Frühlingshunger gelüstet es mich unwiderstehlich auch nach Frühlingsdüften. Was liegt da näher als der liebliche Duft von Narzissen und Maiglöckchen? Es dürfte allerdings noch eine ganze Weile Geduld erfordern, diese Düfte in der freien Natur zu genießen; in der warmen Stube können wir aber die Natur um einige Wochen überlisten, indem wir diese Pflanzen auf Gläsern und in Töpfen treiben.

Ich denke dabei an die bewährten *Wassernarzissen,* die unter dem Sammelbegriff *„Tazetten"* – meist vor Weihnachten – in jeder Samenhandlung zu finden sind. Sie werden deshalb wohl auch unter der Bezeichnung „Weihnachts"-Narzissen oder -Tazetten verkauft. Jedenfalls sollte man sich diese Blumenzwiebeln unbedingt vor Weihnachten besorgen; später sind sie nur noch unter schwierigsten Umständen zu bekommen.

Vielleicht bin ich altmodisch oder einfach zu konservativ; jedenfalls bin ich der Meinung, daß Weihnachten o h n e Narzissen- und Maiglöckchendüfte gefeiert werden sollte. Ist der unverkennbare Duft von Tannennadeln, Harz und Kerzenwachs nicht viel festlicher? Könnten in einer weihnachtlich gestimmten

Winterjasmin – Jasminum nudiflorum – wird oft mit dem viel später blühenden „Goldglöckchen" verwechselt

Atmosphäre solche „Frühlingsdüfte" nicht irgendwie störend wirken?

Ich halte mir stets Tazetten-Zwiebeln im kühlen Keller „auf Lager". Sogenannte *„Eiskeime"* sind allerdings auch jetzt noch in allen Samenfachgeschäften erhältlich. Es handelt sich dabei um die senkrecht in die Erde wachsenden Wurzelstöcke der *Maiglöckchen,* und wenn ich solche jetzt einpflanze, kann ich meine

Wohnung in spätestens vier Wochen mit hinreißenden Duftschwaden füllen. Der ganze Prozeß vom Einpflanzen bis zum Blühen dauert ungefähr einen Monat.

„Eiskeime" werden in leichte Erde gesteckt und müssen zu Beginn an einem warmen, aber dunklen Ort – unter regelmäßigem Begießen – angetrieben werden. Sobald sich ungefähr 7 cm lange Triebspitzen entwickelt haben, dürfen die Maiglöckchen wohl ans Licht, aber nicht an die helle Sonne gestellt werden.

Ganz anders sind die Bedingungen bei den *Tazetten.* Die Wassernarzissen benötigen nämlich keinerlei Erde und gedeihen

vorzüglich an hellem Licht, sogar auf dem Fensterbrett über einer Heizung. Man setzt die Zwiebeln auf einer Schicht Kieselsteine in ein passendes wasserdichtes Gefäß und gießt unten in die Schale – wegen der Fäulnisgefahr – nur so viel Wasser, daß die

Blumenzwiebeln davon nicht berührt werden. Bereits nach zwei Tagen wird man eine deutliche Wurzelbildung feststellen können und muß nun lediglich noch darauf achten, daß die immer länger und dichter wachsenden, glasig-weißen Wurzeln stets genügend Wasser vorfinden. Niemals darf es bis zum Austrocknen des Gefäßes kommen, sonst ist es um die Blütenpracht geschehen.

Ich frage mich, ob es noch mehr Leidensgenosssn von mir gibt, deren Freunde und Bekannte alle im Februar Geburtstag haben? Ob ihnen dann das geschwächte Portemonnaie nach den Weihnachtseinkäufen auch zum Hindernis wird, hübsche Geschenke samt Geburtstags-Blumenstrauß zu finden, ohne daß die Ausgaben dafür schon zu Beginn des Monats zum sicheren Ruin führen?

Deshalb stellt sich bei mir jetzt die Frage, ob es zur Abwechslung nicht auch einmal hübsch wäre, solche Tazetten und Eiskeime in besonders schöne Schalen, Gläsern und Pokalen, welche bis zur Hälfte mit bunten Glaskugeln oder kleinen runden Kieselsteinen gefüllt werden, zur Blüte zu bringen, um sie dann zu verschenken?

Tazetten zur Treiberei auf Wasser

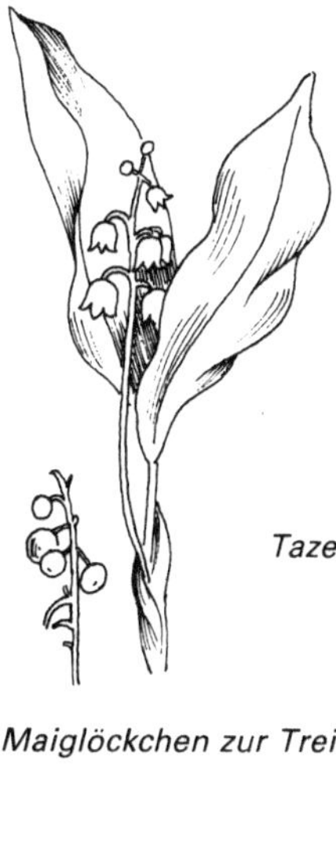

Maiglöckchen zur Treiberei in Töpfen

Abutilon – Schönmalve

Buntnessel, ein sonnenhungriges Geschöpf

Ich gehöre zu den Unentwegten, die es sich sogar in den Wintermonaten nicht verkneifen können, ab und zu in der Erde zu wühlen.

Ist Ihnen auch keine Pröbelei mit Blumensamen zu riskant, als daß sie Ihnen demzufolge aussichtslos oder gar sinnlos erschiene?

Dann wüßte ich Ihnen eine kleine „Gärtnerarbeit", die Ihnen hilft, den vielleicht nochmals auferstandenen Winter zu überbrücken und Ihrem gärtnerischen Tatendrang doch ein wenig zu frönen:

Versuchen Sie deshalb noch diesen Monat eine *Abutilon* (Schönmalve oder Zimmerahorn) aus Samen selber zu ziehen. Der Februar ist tatsächlich der richtige Monat für dieses spannende Unternehmen.

Verlangen Sie beim Samenhändler eine Sorte mit grünweißpanaschiertem Blatt, und stecken Sie die Samen in gut durchfeuchtete Lauberde, die tüchtig mit Sand vermischt sein sollte. Schon nach kurzer Zeit werden Sie am eifrigen Wachstum dieses aus Brasilien stammenden Malvengewächses Ihre helle Freude haben.

Vorläufig – und später immer während den Wintermonaten –

steht die Abutilon am liebsten an einem nur mäßig warmen (10 bis 13° C) und lichten, aber nicht zu sonnigen Platz. Ab April wird sie alle 14 Tage mit Volldünger verpflegt und erfreut uns dann bis in den Herbst mit ihrer reichen Blütenpracht von rosa, gelben, feurigroten oder orange-farbenen Blütenglocken.

Vom Mai bis in den Oktober können Sie diesen unentwegten Blüher ohne weiteres auch in den Garten oder auf den Balkon stellen, wo es ihm sehr gut gefallen wird. Für ein halbschattiges Plätzchen und viel, viel Wasser ist er dann besonders dankbar.

Der Monat Februar ist aber auch der genau richtige Zeitpunkt zur Aussaat der *Buntnessel (Coleus).* Wer Buntnesseln besitzt, weiß sicher schon längst, daß man von dieser Pflanze – am erfolgreichsten im August – Stecklinge aus den Triebspitzen zur Vermehrung heranziehen kann.

Der besondere Effekt bei einer Aussaat liegt jedoch darin, daß jeder Sämling in seinen Blättern ein anderes Farbmuster zeigt. Der Name dieser Pflanze rührt von ihrer Ähnlichkeit mit der gewöhnlichen (Brenn-)Nesselpflanze her; die Buntnessel ist aber in den Farben viel prächtiger und als Zierpflanze außerordentlich reizvoll.

Sie verträgt die prallste Sonne, und die Intensität der bunten Blätter ist dann am größten, wenn wir die Buntnessel ans helle Fenster stellen.

Ihre Heimat ist das exotische Klima Javas und Ceylons – und das macht uns ihren Sonnenhunger eigentlich verständlich. Buntnesseln lieben die Wärme, deshalb sollten sie auch in der winterlichen Ruhezeit stets in einem geheizten Raum, möglichst am Licht stehen. Hier werden sie regelmäßig gegossen, öfters lauwarm abgesprüht und sogar ab und zu gedüngt. Gerade weil sie sich sehr rasch entwickeln, verlangen sie auch das ganze Jahr hindurch gute Nahrung.

Als „Meisterstück" werden die ganz neu gezüchteten, flammendroten Buntnesseln mit dem Sortennamen Coleus „Mosaik" bezeichnet. Und für diese Sorte reserviere ich mir nun eine große Saatschale.

Bis Mitte Mai werden sich aus den Samen schon ordentlich kräftige Jungpflanzen entwickelt haben, die ich dann tuffweise zwischen Cosmeen, Rudbeckien und ganz niedrigen Tagetes in den Garten auspflanzen werde. Auch im Freien lieben die Buntnesseln viel Feuchtigkeit und ebensoviel Sonne. Ich werde sie deshalb dann buchstäblich in Torfmull einhüllen. Das behagt diesen Pflanzenkindern nicht nur wegen der somit gespeicherten Feuchtigkeit, nein, sie lieben den Torf, weil sie den Kalk hassen!

! Merken wir uns also: Torfmull ist des Kalkes größter Feind!

Wer keinen Garten, dafür einen Balkon und ein Fensterbrett besitzt, kann sich in Buntnesseln geradezu einbetten. Sie gedeihen in kleinen und großen Blumentöpfen, fühlen sich aber auch genauso wohl in Blumenkistchen und anderen Pflanzgefäßen. Niemand soll auf Buntnesseln verzichten müssen. Allerdings soll auch niemand eine Blütenfülle erwarten. Noch besser: Erwarten Sie lieber überhaupt keine Blüten. Sollten sich Blütenansätze zeigen, so gehen Sie rigoros vor und brechen diese Ansätze kurzerhand aus.

! Sie prellen sich jetzt zwar um eine ohnehin unscheinbare Blüte, können aber gleichzeitig einen sichtbaren Erfolg verbuchen: Ihre Buntnesseln werden noch größere, noch schönere und intensiver gefärbte Blätter treiben – und das ist ihr eigentlicher Schmuckwert.

Den richtigen Zeitpunkt zum Umtopfen der Buntnessel bestimmt einzig und allein der rasche Wuchs der Pflanze.

Doch vorläufig denken wir nicht ans Umtopfen und Umpflanzen. Wir wollen Buntnesseln aussäen . . .

Da aber Saatschalen keinen besonderen Zierwert zu verbuchen haben, werde ich mir einige „bunte Punkte" zulegen. Also müssen schleunigst *Schlüsselblumen* her.

Überall lachen sie mir entgegen, in Treibhäusern von Gärtnereien und in Blumengeschäften. Also sollen sie mir jetzt vom eigenen Fensterbrett freundlich zunicken – die lieblichen, buntfröhlichen Schlüsselblumen oder Primeln. Sind sie einmal da, dann ist der leibhaftige Frühling in allernächster Nähe, sozusagen „griffbereit".

Die meisten der 28 Gattungen und 900 Arten! – aus denen – diese umfangreiche Familie besteht, kommen in der nördlichen gemäßigten Zone vor. Allbekannt sind ja unsere Schlüsselblumen *(Primula veris = officinalis)* mit der dottergelben glockigen Blüte und die Hohe Schlüsselblume *(Primula elatior)* mit dem schwefelgelben, flach ausgebreiteten Kronteller, welche auf feuchten Wiesen und in lichten Wäldern verbreitet sind.

Viel seltener in freier Natur ist bereits die Schaftlose Schlüsselblume *(Primula acaulis = vulgaris);* in den Gärten dominiert sie hingegen, und zwar nicht nur in Gelb, sondern in den denkbar schönsten Farben blühend.

In den Alpen – und selten noch auf feuchten Wiesen im Flachland – ist die rosa blühende *Mehlprimel (Primula farinosa)* anzutreffen, die ihren Namen dem weißen Puder an den Blütenstielen und auf der Blattunterseite zuzuschreiben hat. In den Alpen kommen auch noch weitere Arten vor, die übrigens alle unter Naturschutz stehen; zum Beispiel die violett blühende Behaarte Schlüsselblume *(Primula hirsuta)* oder die zierliche, kalkliebende *Aurikel (Primula auricula)* mit den herrlich duftenden gelben Blüten und den glatten, etwas fleischigen Blättern.

Alle diese Arten sind auch im Staudenhandel in verschiedenen Formen und Farben zu bekommen, ebenso die liebliche *Gartenaurikel,* welche ein Bastard zwischen den beiden Alpenprimeln „auricula" und „hirsuta" ist.

Primeln

Von den über 500 Arten der Gattung, die zum größten Teil in den Gebirgen von Europa und Asien zu Hause sind, wird eine große Anzahl als Gartenpflanzen kultiviert. Sehr bald wird die *Kaschmirprimel* jetzt dann ihre lila-farbenen Blütenkugeln zur Schau tragen. Die *Japanische Etagenprimel,* welche prachtvolle dunkelrote Blumen hervorzaubert, die in mehreren Quirlen übereinander stehen und sich stufenweise öffnen, blüht hingegen erst im Sommer, wo eigentlich kein Mensch mehr an Primeln denkt.

Wer aber jetzt daran denkt, seinen Garten mit solchen Pflanzen zu bereichern, wird dies kaum jemals zu bereuen haben. Sobald der Boden nicht mehr gefroren ist, dürfen Primeln ausgepflanzt werden. Ein halbschattiger, möglichst leicht feuchter Standort dürfte ihnen außerordentlich gut behagen.

Es gibt übrigens auch „Etagen"-Primeln für die Fensterbank im Zimmer; die meisten sind gelbblühend.

Ist Ihnen auch schon aufgefallen, daß es beinahe jährlich neue Super-Züchtungen bei den Topf-Primeln zu bewundern gibt? Die Blütenfarben werden stets noch leuchtkräftiger, und die Blüten selber stets noch größer und umfangreicher herangezüchtet. Wer kann diesem Zauber noch widerstehen?

Dennoch machen viele Leute einen großen Bogen um die hübschen Primeln. Sie befürchten, einen allergischen Hautausschlag zu bekommen, welcher von den Drüsenhaaren einzelner Primelsorten hervorgerufen wird. Erkundigen Sie sich deshalb unbedingt nach der – seit 1958 im Handel befindlichen – *giftfreien „Primula arendsii Multiflora".* Mit ihr können Sie sich das Fensterbrett in bunter Vielfalt schmücken, selbst wenn Sie Allergiker sein sollten.

Stellen Sie sich zum Beispiel einige Töpfe buntfarbiger Primeln vor – und dazwischen gar noch einige frühblühende, feurigrote Treibhaus-Tulpen. Zweifeln Sie dann immer noch, daß der Frühling bereits vor Ihrer Türe, nein, sogar auf Ihrer Fensterbank steht?

Es werden wohl die grauen, eintönigen Wintermonate sein, die einen beinahe unstillbaren Hunger nach Farben aufkommen lassen. Farben, die von Sonne und Wärme erzählen; Farben, die man zu riechen glaubt. Dies alles verkörpern die Frühlingsblu-

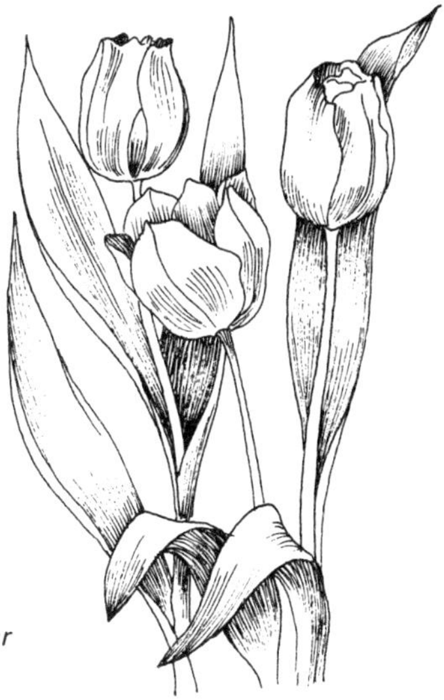

Tulpen können schon im Februar auf dem Fensterbrett blühen

men. Sie sind bunt, wurden von der Sonne geküßt – und duften. Und mit einem Schlag duftet es bei uns im Zimmer, wenn wir unsere Vasen mit solchen Frühlingsblumen füllen.

Nicht, wenn ohnehin in allen Gärten das Blühen begonnen hat, sollen sie ihre verheißungsvollen Duftschwaden in unserer unmittelbaren Nähe verströmen, nein, jetzt – in der noch kalten und sonnenarmen Vorfrühlingszeit sind sie am allerschönsten und begehrenswertesten.

Beim Blumenhändler oder im Garten-Center warten rote und gelbe Tulpen darauf, von uns nach Hause getragen zu werden, um entzückende Farbkleckse in unser Zimmer zu zaubern – und die pastellfarbenen Freesien aus dem Kapland tun es ihnen gleich. Betörend duftet schon der weiße Flieder, und die bunten Anemonen und Ranunkeln sehen ebenso wundervoll aus. Was so keck und fröhlich duftend dazwischensteckt, können doch nur Ginster- und Mimosenzweige sein.

Wußten Sie übrigens, daß es sich bei den im Winter und Vorfrühling in unseren Blumengeschäften angebotenen Zweigen nicht um echte Mimosen aus der Gattung „Mimosa", sondern um Zweige von Akazien der Gattung „Acacia" handelt? So oder so: ihr Wohlgeruch ist hinreißend, einfach köstlich!

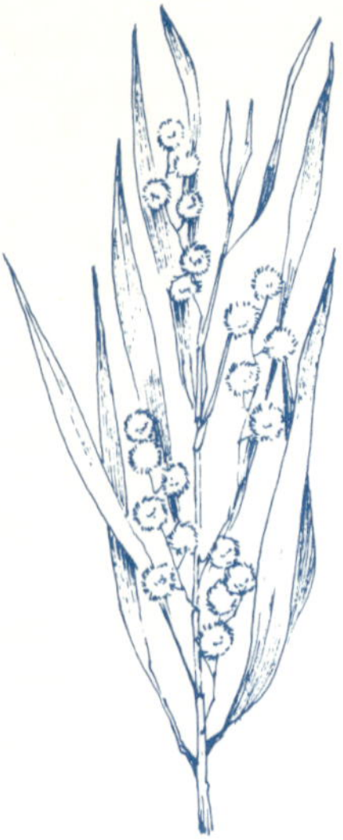

Mimose – Akazie

Echte Mimose

Wußten Sie aber auch, daß alle Schnittblumen wesentlich länger frisch erhalten bleiben, wenn dem Wasser zum Beispiel „Nutriflor" oder eine andere flüssige Vollnahrung beigegeben wird? Solche Mittel besitzen meistens eine dreifache Wirkung: Sie verlängern die Lebensdauer der Blumen, fördern die Duft- und Farbentwicklung und halten das Wasser für die Blumen atmungsfrisch und sauber.

Wie schnell lassen die stolzen Tulpen im geheizten Zimmer ihre Blütenblätter fallen. Sie tun das aber nur, wenn dem Wasser in der Vase keine Vollnahrung für Schnittblumen beigemischt worden ist. Freesien bleiben zwei Wochen lang frisch damit, und selbst die empfindlichsten Rosen wirken noch nach mehreren Tagen wie neu geschnitten. Diese Tatsachen haben mich jedenfalls restlos überzeugt, und ich habe stets eine Flasche flüssige Vollnahrung für alle Schnittblumen bereitstehen.

Neuerdings habe ich eine weitere gute Erfahrung damit gemacht. Ich habe mein allzusehr in die Breite gewachsenes *Mandelbäumchen (Prunus triloba)* leicht zurückgeschnitten, gleichzeitig aber auch kräftig ausgelichtet. Während der Arbeit bekam ich plötzlich Skrupel: Hätte ich das liebliche Ziergehölz nicht besser erst nach der Blüte zurückgeschnitten? Jetzt würde ich im

April keine kompakte Rosawolke im Garten stehen haben, denn als solche präsentierte sich sonst das dichtgewachsene Mandelbäumchen im frühlingshaften Blütenkleid. Nun, die ausgeschnittenen Zweige ließen sich im geheizten Zimmer sicher leicht antreiben. Ich stellte sie in eine Vase, füllte diese mit lauwarmem Wasser und fügte einen kräftigen Schluck „flüssige Vollnahrung" bei. Schon nach drei Tagen begannen sich die äußerst zarten Knospenansätze zu runden, schwollen kräftig an, und nach einer knappen Woche verrieten fein rosafarbene Knospenrändchen, daß ich demnächst eine Rosawolke in der Vase zu erwarten hätte.

Ich wollte, Sie hätten es miterleben dürfen: Die Zweige des Mandelbäumchen standen zwei Wochen lang in bezauberndster Blüte in der Vase, beinahe länger als in der freien Natur, wo der übermütige Frühlingswind oftmals keck und wenig rücksichtsvoll an den Zweigen rüttelt und die ganze Pracht zu Boden wirft.

Solche „guten Erfahrungen" beflügeln mich meistens. Ich wiederholte das Experiment mit Zweigen der Spiersträucher (Spiraea arguta und Spiraea prunifolia), des Zierapfels (Malus floribunda) und des Goldglöckchens (Forsythia intermedia „Lynwood"). Es war kaum zu glauben: Schon in den nächsten zwei bis drei Tagen nach dem Schnitt begannen sich die Blütenknospen deutlich zu regen und entfalteten sich kurze Zeit später.

Das Mandelbäumchen – Prunus triloba – ist einer der schönsten Frühlingsblüher

Längst experimentiere ich mit Zweigen der Kastanien, Birken, Haselsträucher und Weiden; nicht nur mit den „Kätzchen"-Weiden, nein – auch mit Trauerweiden. Manchmal lebe ich mitten im Winter, mitten im Zimmer – wie im Frühlingswald ...

Daß sich natürlich auch Blutjohannisbeeren, Scheinquitten, Japanische Zierkirschen und Zierbirnen zum Antreiben im warmen Zimmer eignen, muß ich sicher nicht noch betonen.

Was ich vielleicht eher herausstreichen sollte, ist die Tatsache, daß alle – für die Treiberei bestimmten – Gehölze wenigstens einen starken Frost erlitten haben sollten. Und dies, wenn möglich, in der vorhergegangenen Nacht.

Jedermann kennt die hübsche Sitte, am Barbaratag (4. Dezember) „Barbarazweige" zu schneiden, um dann an Weihnachten blühende Kirschen, Äpfel usw. in der Vase zu haben. Der Volksbrauch möchte wissen, daß die Blütenzweige nur dann tatsächlich zu Weihnachten blühen, wenn sie ausgerechnet am „Barbaratag" geschnitten werden. Ich möchte aber behaupten, daß nicht das Datum, sondern die vorhergegangene Frostnacht die entscheidende Rolle spielt, ob das Blütenwunder eintrifft – oder nicht! Da aber an Weihnachten der Weihnachtsbaum ohnehin die Hauptrolle spielt, ist es doch unwichtig, ob die angetriebenen Zweige just an Weihnachten oder ein paar Tage später blühen. Ich freue mich jedenfalls auch an im Januar und Februar geschnittenen „Barbarazweigen"; Hauptsache: sie blühen wundervoll.

Wenn ich jetzt zum Fenster hinausblicke, dann freue ich mich königlich über meinen Lieblingsstrauch. Er blüht, wenn nur noch wenige ans Blühen denken – mitten im Winter. Sein Name ist *„Winterblüte".* In milderen Lagen blüht dieses wunderschöne Ziergehölz, dessen botanischer Name *„Chimonanthus praecox"* lautet, während des ganzen Winters am alten Holz. Seine Blüten sind an der Innenseite rötlich gestreift, und ihr Duft ist stark und süß. Die „Winterblüte" stammt aus China und wird ungefähr zwei bis drei Meter hoch.

Auch die *Zaubernuß (Hamamelis)* blüht bereits seit Anfang Februar. Die Zaubernuß stammt ebenfalls aus China, und die schönste Sorte dürfte wohl „Hamamelis mollis" sein. Sie hat goldgelbe, fein duftende Blüten und wird ca. zwei bis drei Meter

Der Seidelbast – Daphne mezereum – (links) und die Zaubernuß – Hamamelis mollis – (rechts) gehören zu den ersten Blütensträuchern im Jahr

hoch. Eine rotblühende Variante ist „Hamamelis japonica Ruby Glow".

Ungefähr zur gleichen Zeit, also etwa anfangs Februar, blüht auch der weithin duftende, rosa-weiße *Schneeball (Viburnum fragrans).* Er ist wiederum ein „Chinese" und erreicht eine Höhe von zweieinhalb bis drei Meter. Sein Wuchs ist stark aufwärtsstrebend, und seine Art wird als „sehr wertvoll" bezeichnet.

An schattigen Lagen blüht bereits im März, manchmal auch schon früher, der *Seidelbast (Daphne mezereum).* Schon vor dem Blattaustrieb ist der Seidelbast übervoll mit stark duftenden, purpurlilafarbenen Blütenbüscheln besetzt, deren korallenrote Früchte später ein weiterer Schmuck für jeden Garten sind. Da Seidelbast aber giftig ist, würde ich überall dort auf ihn verzichten, wo kleine Kinder in der Nähe sind.

In vielen Gärten blühen jetzt die sogenannten „Winterblüher", und dazu gehören unbedingt die aufgezählte Winterblüte, die Zaubernuß, der rosa-weiße Schneeball und der betörend duftende Seidelbast. Welcher Gartenbesitzer kennt sie nicht alle? Man ist klug beraten, wenn man sich wenigstens eines dieser winterblühenden Ziergehölze in seine unmittelbare Nähe holt. Deshalb sollten auch Besitzer von Dachgärten und größeren Balkonen keinesfalls auf sie verzichten müssen. Die modern gestalteten und in verschiedenen Größen angefertigten Pflanzgefäße aus Asbestzement kommen solchen Wünschen sehr entgegen. Hier findet man zum Beispiel quadratische Gefäße in den verschiedensten Ausmessungen. Die Gefäße sind so tief, daß ohne weiteres auch Ziersträucher eingepflanzt und bedenkenlos im Freien überwintert werden können. Ich wette, daß Sie mit großem Vergnügen aus dem Fenster zu einem der aufgezählten Winterblüher blicken würden, selbst wenn es draußen schneien oder sich eine winterlich-öde und graue Landschaft präsentieren sollte.

Es könnte jedoch sein, daß Sie bereits glücklicher Besitzer solch winterblühender Sträucher sind, andererseits schon lange damit liebäugeln, Ihrem Garten oder Balkon mit einem besonders schönen Gehölz einen besonders reizvollen Akzent zu setzen.

Kennen Sie die *Felsenbirne (Amelanchier)* schon? Es handelt sich hier um einen vielstämmigen Großstrauch, der im April und Mai übervoll von weißen Blüten ist und uns im Herbst mit seiner prachtvollen Blattfärbung ein zweitesmal beglückt.

Und wem die Herbstfärbung seiner Ziergehölze beinahe ebenso am Herzen liegt wie die Blütenfülle in den Frühlingsmonaten, dem möchte ich den *Japanischen Schneeball (Viburnum plicatum „tomentosum sterile")* empfehlen. Es ist ein außeror-

Perückenstrauch – Cotinus coggygria „Royal Red"

Bei der Weigelie, die in verschiedenen Rottönen blüht, gibt es die Sorte „Variegata" mit gelb-weißen Blättern

dentlich reichblühender Solitärstrauch, der sich im Mai mit großen, weißen, kugeligen Blütenbällen schmückt und zu den schönsten Blütensträuchern und Herbstfärbern zählt.

Die *Japanischen Zierkirschen (Prunus)* gehören ebenfalls zu den „Zwei Fliegen auf einen Schlag", denn sie bestechen im April und Mai mit einer Blütenfülle ohnegleichen und im Herbst mit einer Farbensymphonie der Blätter.

In Einzelstellung kommt dem feinlaubigen *Prunus subhirtella* „Autumnalis" (fukubana) mit seinen tiefrosa-farbenen gefüllten Blüten ein besonders großer, dekorativer Wert zu.

Suchen Sie gar ein Gehölz, das keine grünen, sondern bunte Blätter hat? Es gäbe tatsächlich eine Vielzahl solcher Sträucher, doch die meisten von ihnen sind keine imposanten Blüher. Ich picke Ihnen deshalb nur diejenigen aus der Fülle des Angebots heraus, die Ihren Garten oder Balkon im Frühjahr buchstäblich in eine blühende Oase verwandeln:

Die *Zierbirne (Pyrus salicifolia)* beispielsweise hat schmale, silberweiße, filzige Blätter und hüllt sich im Mai in ein bräutlichweißes Blütenkleid. Später zieren winzig-kleine, birnenförmige Früchtchen dieses malerische, strauch- bis baumartige Gehölz.

Sogar eßbare Früchte können Sie vom rotblättrigen *Prunus trailblazer* ernten. Es ist eine Kreuzung von einer eßbaren Pflaume mit der rotlaubigen Blutpflaume „Prunus cerasifera

Nigra". Die Blüten sind hellrosa, die Blätter braunrot glänzend und die – von August bis September eßbaren – Früchte leuchten in kirschroter Farbe.

Ein ebenfalls intensiv rotes Blattwerk hat der *Perückenstrauch (Cotinus coggygria „Royal Red")*, der besonders auch durch seine langen, perückenartigen Blütenrispen auffällt.

Die *Weigelia* ist ein überaus reichblühendes Gehölz, wobei die gelbweiß-buntblättrige Sorte „Variegata" (rosea nana) ausnehmend gut in einen Garten paßt, worin sonst grünblättrige Sträucher dominieren.

Vielleicht sind Sie „Großgrundbesitzer" oder zumindest Besitzer eines großen Gartens und möchten sogar einen besonders schönen Baum pflanzen.

Es gibt natürlich viele Bäume. Es gibt aber auch viele Bäume mit außergewöhnlich schönem Laubwerk, und ich denke dabei zum Beispiel an den *Gingko Biloba* mit seinen, wie kleine Pflaumen aussehenden Früchten, die einen zweikantigen, unangenehm riechenden Kern enthalten, den man in Ostasien sogar ißt.

Oder der einmalig grazile *Amberbaum,* der im Herbst wochenlang in seinem blutrot gefärbten Blätterkleid wie ein König im Garten steht.

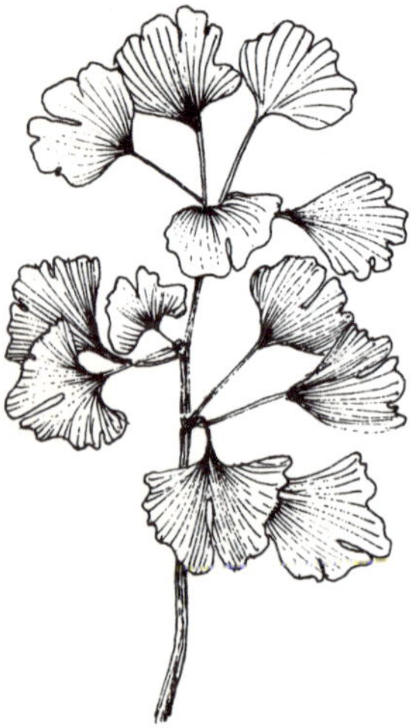

Der Gingkobaum – Gingko Biloba – hat außergewöhnlich schöne Blätter

Kennen Sie den *Judasbaum (Cercis),* der die seltene Eigenschaft besitzt, an Stamm und altem Holz violett-rosafarbene Blütenbüschel zu treiben, noch ehe das erste Blatt erschienen ist?

Ich könnte Ihnen natürlich manche Gelüste wecken und noch lange von „besonders schönen" Bäumen schwärmen. Ich empfehle Ihnen nichts so sehr, als immer wieder durch Baumschulen zu flanieren und dabei eifrig Baum um Baum zu studieren. Sie lernen dabei eine Menge Pflanzen kennen, und ich wette, daß Sie sich bei dieser Gelegenheit eines schönen Tages hoffnungslos verlieben. Sie werden dann plötzlich in einen Baum-„Jüngling" verliebt sein, den Sie unbedingt adoptieren und großziehen möchten. Sie möchten aus einem „Säugling" einen beachtenswerten „Solitär"-Baum heranziehen – und zu diesem Entschluß kann ich Ihnen nur gratulieren.

Doch, wie schon gesagt, braucht es dazu wohl keinen ausgesprochenen Park, aber immerhin einen recht großen Garten.

Weder einen Park noch einen immens großen Garten benötigen die sogenannten *Park-* oder *Strauchrosen.* Die Bezeichnung „Strauch"-Rose kennzeichnet deshalb auch die Eigenart dieser Rosensorten viel besser, denn sie werden – je nach Sorte – einen bis vier Meter hoch und stehen aufrecht, manchmal etwas sparrig, als große, eigenwillige Büsche in unserem Garten.

Es gibt einfach-blühende und halbgefüllte Sorten sowie solche mit richtigen Edelrosen-Blüten.

Unter den Einfachen bis Halbgefüllten fallen die „Lambertianas" wegen ihrer unermüdlichen Blühwilligkeit und ihrem straffen, aufrechten Wuchs besonders auf. *Rosa Lambertiana „Berlin"* ist eine feurigrote Vertreterin dieser Gruppe und kann auch als Kletterrose verwendet werden. Ihre Schwester *Rosa Lambertiana „Sparrieshoop"* wächst hingegen eher etwas sparrig und trägt den ganzen Sommer über nahezu pausenlos lachsrosa-farbene, halbgefüllte Blüten, die in großen Dolden zusammengefaßt sind.

Aus dieser Familie wäre noch die goldgelbe *„High Noon"* und die karminrosa mit weißem Auge blühende *„Mozart"* zu erwähnen.

Als Halbclimber- wie auch als Strauchrose bewährt sich die unermüdlich blühende, zitronengelbe *„Golden Showers"* fabelhaft. Ihr Duft ist einer Edelrose ebenbürtig. Leider ist ihre Blüte nicht sehr wetterbeständig; als Knospe geschnitten, hält sie in der Vase hingegen ungewöhnlich lange.

Reinweiße Blüten hat die breitbuschige, edelrosengleiche Strauchrose *„Schneewittchen";* sie ist für meine Begriffe eine der allerschönsten weißen Rosen überhaupt!

Der malerische Strauch der rosablühenden und herrlich duftenden *Rosa Rugosa „Conrad Ferdinand Meyer"* sollte eigentlich in keinem Garten fehlen. Vielleicht finden Sie noch einen geeigneten Platz für die leuchtendrote *„Heidelberg",* die mit ihren großen Edelrosenblüten während des ganzen Sommers ununterbrochen grandiose Farbkleckse in unseren Garten zaubert.

Wußten Sie, daß Strauchrosen gar nicht viel geschnitten werden sollten? Es genügt eigentlich bereits, wenn Sie sie vom alten, toten Holz befreien. Wenn wir sie in ihrem Wuchs so wenig wie möglich eindämmen, zeigen sie uns erst, zu welch ansehnlichen Büschen, mit meterhoch treibenden Blütenkaskaden, sie werden können.

Sollten Sie nun Lust verspüren, Ihren Garten mit einer Strauchrose zu bereichern, dann ist jetzt die beste Pflanzzeit dafür. Und denken Sie daran, Strauchrosen sind Solitärpflanzen und stehen somit gerne allein, aber im schönsten Blickfeld!

Haben Sie keine Möglichkeit, eine Strauchrose als „Solitär" zu behandeln, möchten aber andererseits doch nicht darauf verzichten? Dann wüßte ich Ihnen einen Ausweg:

Pflanzen Sie Strauchrose an Strauchrose, natürlich jeweils im Abstand von mindestens anderthalb bis zwei Metern; das ergibt die allerschönste Sichtschutzhecke oder ersetzt Ihnen einen Zaun. Außerdem nisten hier die Vögel aufs Leben gerne, und Sie werden in den kommenden Jahren kaum mehr zu einem Insektizid greifen müssen! Die mit der Strauchrosen-Hecke angelockten Vögel werden mit Blattläusen, Raupen und anderen Schädlingen allein fertig . . .

März

Wen zuckt es im März nicht in sämtlichen zehn Fingern? Balkongärtner und Gartenbesitzer werden in diesem Monat von einem eigenartigen „Fieber" befallen. Es drängt sie, alle Ecken und Enden umzugraben, in der Erde zu wühlen, anzusäen, umzutopfen, einige Gartenbeete neu zu gestalten – oder den Garten wenigstens täglich mehrmals zu inspizieren, ob sich auch überall die verschiedenen Pflanzen zu regen beginnen und mit vorläufig noch zartesten Spitzchen den Beweis erbringen, daß sie den Winter gut überstanden und gleich uns, ungeduldig auf den endgültigen Einzug des Frühlings warten.

Wohl ist es erlaubt und bei schönem, trockenem Wetter sogar angebracht, die Erde mit einer Hacke oder besser nur mit einem Kräuel fein aufzulockern, doch sollten Sie dabei wirklich äußerst behutsam und mit viel Gefühl arbeiten, denn sonst fallen die sehnlichst erwarteten und noch sehr empfindlichen Pflanzen Ihrem wilden Arbeitseifer zum Opfer. Ist die Erde noch schwer und bleibt sogar an den Geräten kleben? Dann warten Sie mit der Gartenarbeit ruhig noch etwas zu, denn im Hause selbst gibt es für Blumenfreunde im März mehr als genug zu tun.

Die Zimmerpflanzen sind dankbar, wenn sie dem Frühling in neuer, mit Horn- oder Knochenmehl angereicherter Erde entgegenwachsen dürfen. Bei dieser Gelegenheit werden sie auch umgetopft. Gedüngt wird allerdings erst nach etwa 14 Tagen, dann aber wieder in regelmäßigem Rhythmus – bis im Herbst.

Wenn ich meine Pelargonien, im Volksmund auch „Geranien" genannt, aufmerksam betrachte, dann muß ich eindeutig feststellen, daß viele von ihnen alt und müde sind. Es hat beinahe keinen Sinn, sie nochmals aufzupäppeln, nur um mich dann im Sommer doch zu ärgern, weil sie gar nicht mehr besonders üppig blühen wollen. Ich müßte viele dieser Pflanzen ersetzen, bin aber beim Hin- und Herstudieren zu einem ganz anderen Entschluß gekommen: Ich will etwas ganz Neues ausprobieren, von dem ich schon heute überzeugt bin, daß es großartig gelingen und ebenso großartig wirken wird.

Ich werde nämlich meine Balkonkästen mit *Balkondahlien* bepflanzen. Hier gefallen mir besonders die anemonenblütigen Sorten, die sich durch niedrigen und kompakten Wuchs auszeichnen. Die feurigrote „Fabel" erreicht zum Beispiel eine Höhe von 30 cm; die zitronengelbe „Gamelan" oder die zartrosa-farbene, mit gelblicher Mitte blühende „Thalia" werden sogar nur 25 bis 30 cm hoch. Selbst in voller Sonne soll ihre Blühwilligkeit unerschöpflich sein und bei genügender Bewässerung und Düngung hätte ich bis tief in den Herbst hinein aus meinem Südbalkon eine blühende Oase gemacht. Selbstverständlich müßten die verblühten Blumen regelmäßig weggeschnitten und entfernt werden, doch sonst hätte ich außer Gießen und Düngen keine Arbeit mit diesen Balkondahlien. Seit ich den speziellen „Dahlien"-Dünger bei meinen Dahlien im Garten anwende, muß ich mich kaum mehr über ein mangelhaftes Blühen beschweren. Und dieser Dünger wird natürlich nun auch für meine Balkondahlien das Richtige sein!

Pro ein Meter Balkonkasten rechnet man 5 Knollen, und ich werde mich bemühen, kein kunterbuntes Durcheinander heran-

Anemonenblütige Dahlien eignen sich für Balkonkästen ebenso wie für die Bepflanzung von Beeten und Wegrändern

wachsen zu lassen, sondern in jedem Pflanzgefäß nur jeweils eine einzige Blütenfarbe „zu Worte kommen zu lassen". Das ist natürlich schneller gesagt, denn getan! Wenn mir dieses Jahr wieder dasselbe passieren sollte, wie vor einem Jahr, dann kann ich mich schon jetzt freuen ...

Damals hatte ich voll guter Absichten alle gelben, roten, rosafarbenen – und erst noch alle verschiedenen Dahliensorten, wie Schmuckdahlien, Halskrausedahlien, Pompondahlien usw. – streng getrennt und angeschrieben – in feuchten Torfmull gesetzt. Erwartungsvoll wünschte ich die ersten Austriebe herbei. Bald jeden Tag stieg ich in den Keller hinunter, kontrollierte den Torfmull auf seine Feuchtigkeit und achtete nach wie vor darauf, daß die beschrifteten Kärtchen mit den Sortenbezeichnungen und Angaben der Blütenfarbe nicht verlorengingen. Und dann geschah es. Eine gemütliche Familienfeier ließ alle meine guten Vorsätze platzen. Zu den Gästen gehörten auch einige Kinder, die sich vor lauter Vergnügen nicht mehr still genug verhalten konnten; man verstand sein eigenes Wort nicht mehr! Draußen war es empfindlich kalt, und ich schlug vor, sie sollten sich in unserem gemütlichen, holzverschalten Keller nach Lust und Laune tummeln. Bald herrschte im Keller Hochbetrieb, die Stimmung schlug hohe Wellen – und ich genoß die Tatsache, daß sich die Kinder dort unten so königlich zu amüsieren schienen.

Heute weiß ich natürlich besser, was ihnen damals so gut gefallen hatte: sie spielten „Gärtnerei". Sie beseitigten in meiner „Dahlien-Treiberei" sämtliche Sortenbezeichnungen, wie auch die Notizen über Blütenfarbe und Wuchshöhe. Weil richtige „Gärtner" nicht nur Schreibarbeiten zu erledigen haben, pflanzten sie meine Dahlienknollen kurzerhand um. Wahllos! Jedenfalls wechselten sämtliche Knollen die ihnen von mir zugewiesenen Pflanzengefäße. Die Bescherung war vollkommen ...

Ich sah mit gemischten Gefühlen den unmöglichsten Farbkombinationen entgegen und fühlte mich hin- und hergerissen, ob ich mich nun ärgern sollte oder gar freuen mußte, weil vergnügte Kinder es fertig gebracht hatten, mich dazu zu zwingen, meine bisherige Überzeugung „force majeur" zu begraben und zu lernen, mich an etwas „Außergewöhnlichem" ebenso zu entfachen. Denn bis heute habe ich noch nicht herausgefunden, wie man unbezeichneten Dahlienknollen die Farbe ihrer späteren

Blüte ansieht, geschweige denn, um welche Sorte es sich überhaupt handelt.

Heute kann ich Ihnen verraten, daß ich mich letztes Jahr tatsächlich am „Außergewöhnlichen" meiner Dahlienpflanzungen freuen konnte. Von seiten meiner Nachbarn hat mir dieses Malheur allerdings schmunzelnde Seitenblicke eingetragen. Denn aus meinen Balkonkistchen neigten sich – mit unzähligen Bastbändern mühsam zusammengehaltene – Dahlienbüsche, die besser im Garten gestanden hätten, und im Garten entfalteten dafür bunt gemischte Balkondahlien eine unerwartet verblüffende Ausstrahlungskraft.

Was will man mehr?

Dennoch sollen Sie nach Möglichkeit besser auf solcherlei Experimente verzichten. Es wird schon spannend genug, wenn Sie verschiedene Dahlienknollen jetzt anzutreiben beginnen. Legen Sie die Knollen an einem warmen Ort im Keller in Torfmull, der nun stets regelmäßig feucht zu halten ist. Schon nach kurzer Zeit werden sich die ersten Austriebe zeigen. Sobald dieselben ca. 10 cm hoch sind, werden sie geköpft – und zwar rigoros. Die Pflanzen danken uns diesen Eingriff nämlich, indem sie von der Basis der Knolle aus neue Triebe nachschieben, um sich dann – wenn auch diese nochmals geköpft wurden – üppig zu verzweigen. „Geköpft" wird, sobald sich das erste Blattpaar entwickelt hat!

Balkondahlien sollten eigentlich in den für sie vorgesehenen Pflanzgefäßen angetrieben werden, und zwar in einer mit viel Torfmull vermischten Universalerde. Gedüngt wird allerdings erst ab Mitte Mai.

Die für den Garten bestimmten Dahlienschönheiten werden im Laufe des Monats April abgehärtet, indem sie an milden Tagen, – angelehnt an eine schützende Hausmauer – für einige Stunden an die frische Luft gestellt werden. Nach den „Eisheiligen", also ab Mitte Mai, dürfen Sie Ihre inzwischen kräftig ausgetriebenen Dahlien in den Garten auspflanzen. Vermischen Sie die Erde der Pflanzgrube mit einer guten Handvoll Hornspänen; das ist eine ausgezeichnete Starthilfe. Bevor Sie diesen sonnenhungrigen Blumenkindern den speziellen Dahliendünger zuführen, sollten Sie ihnen eine zwei- bis dreiwöchige Anpassungspause an die

Knollenbegonien

neue Umgebung gönnen. Vergessen Sie bitte das Wichtigste nicht:

! *Dahlienknollen müssen ganz flach ausgebreitet und lediglich bis zum Stengelansatz in die Erde eingebettet werden!*

Und noch etwas: Das Angebot an Dahlienschönheiten und -exklusivitäten ist so groß und verlockend, daß es nur verständlich ist, daß Ihnen die Wahl zur Qual werden kann. Dennoch sollten Sie sich merken, daß die schönste Fern- und Nahwirkung zur Zeit der Blüte nur dann gewährleistet wird, wenn möglichst viele Dahlien der gleichen Sorte und Farbe beieinanderstehen.

Achten Sie bei Gelegenheit darauf, ob Ihnen Pompondahlien neben Halskrausedahlien gefallen. Ich fürchte beinahe, daß Sie von diesem Anblick ebenfalls nicht begeistert wären. Jede Sorte stiehlt hier der anderen irgendwie die Schau, finden Sie nicht auch? Doch jede Sorte allein für sich, ja, das ist ein überwältigend schöner Anblick.

! Wußten Sie übrigens, daß sich *Knollenbegonien* ausgezeichnet auf feuchtem Sägemehl antreiben lassen? Die Fäulnis- oder Schimmelgefahr wird dadurch vollkommen ausgeschlossen.

Reizt es Sie nicht, gleich auf der Stelle Knollenbegonien zum Leben zu erwecken? Mit der Sägemehlmethode ist es ein Kinderspiel. Doch eines sollte man immerhin mit Sicherheit wissen: die flach-, sogar leicht eingedrückte Knollenseite bleibt oben; die bauchige Seite wird Wurzeln schlagen. Sobald sich die rosa angehauchten Augen kräftig genug entwickelt haben, dürfen Sie die Begonien in leichte, mit Sand und Torfmull vermischte Erde einbetten – und zwar nur fingertief. Und warten Sie bitte ebenfalls die erste Maihälfte geduldig ab, ehe Sie Ihre Knollenbegonien vors Fenster stellen oder im Garten auspflanzen.

Je feuchter das Wetter ist, desto schöner gedeihen die Begonien, was vielleicht so viel heißen will wie: Begonien lieben die Feuchtigkeit und müssen viel gegossen werden. Viel Dünger fördert bei diesen Pflanzen nicht etwa die Blühwilligkeit, sondern lediglich das Wachstum der Blätter; die Schlußfolgerung ist leicht zu ziehen. !

Vielleicht ist Ihnen auch noch der letzte Tip nützlich: Knollenbegonien werden erst nach dem ersten Frost wieder ins Haus geholt.

Nun sind meine Gedanken lange bei den farbenprächtigen Dahlien und Knollenbegonien hängengeblieben. Das Antreiben dieser Blumen ist natürlich eine wichtige Angelegenheit in diesem Monat.

Ebenso wichtig ist für mich die *Aussaat einiger Sommerblumen* in Schalen oder Saatgefäße. Solche Aussaaten sind viel einfa-

Sommerblumen

cher und lohnender als schlechthin angenommen wird. Denken Sie zum Beispiel an ein ganzes Beet voll rosafarbener *Glockenblumen (Campanula medium)* oder nur 40 cm hohe *Löwenmäulchen* „Rosella", ebenfalls in rosarotem Blütenkleid! Bis zum Frosteintritt blühen unentwegt die zarten *Cosmeen,* die uns herrliche, fedrige Sträuße liefern und in allen Schattierungen von Weiß über Hellrosa bis Dunkelrot im Samenhandel zu finden sind. Den stolzen *Fingerhut,* die duftenden *Levkojen* und den leuchtenden *Sommerphlox* möchte ich Ihnen lediglich in Erinnerung rufen; Sie kennen diese dankbaren Blüher bestimmt.

Darf ich Ihnen die entzückende *Sommerazalee (Godetia),* die im Gegensatz zu den Moorbeet-Azaleen sehr viel Sonne zum Leben benötigt, besonders heiß empfehlen? Diese Pflanze wird nur 20 bis 40 cm hoch, und die Sorte „Herzlieb" mit zartrosa gefüllten, seidenzarten Blüten gefällt mir besonders

Für den Spätsommer würde ich Ihnen zu den niederen, welkresistenten *Astern* „Pink Lady" (Lachsrosa) oder „Rosa Ball's" (Kräftigrosa) raten. Beide Sorten haben besonders große Blüten und lange, sehr kräftige Stiele. Wer einer niedrigen, nur 20 cm hohen Sorte den Vorzug gibt, sollte die prachtvolle, rosafarbene Aster „Tausendschön" wählen.

Vielleicht gelüstet es Sie, die eine oder andere Blume in Ihrem Garten oder auf Ihrem Balkon einen Sommer lang anzusiedeln. Da es sich ausschließlich um niedrigwachsende Sorten handelt, dürfen Sie die Sämlinge später ohne weiteres in herkömmliche Balkongefäße verpflanzen.

! Sicher ist Ihnen aufgefallen, daß ich vorwiegend rosa-blühende Blumen aufgezählt habe, und ich will Ihnen auch verraten, weshalb: Die Farbe Rosa vermag nämlich Ihren Garten wie auch Ihren Balkon optisch zu vergrößern! Nicht jedermann ist „Großgrundbesitzer", und speziell für kleine Gärten, zum Beispiel bei Reihenhäusern, ist eine solche „optische Vergrößerung" geradezu ideal. Nicht etwa, daß wir nun in großtuerischem Sinn mit Nichtvorhandenem „bluffen" möchten, doch die Weite und das Gefühl der Schwerelosigkeit, die uns dieser Trick vermittelt, sind faszinierend und in jedem Fall positiv. Ich habe es selbst ausprobiert – und werde stets wieder nachgeahmt, weil es tatsächlich überzeugt.

Sie erreichen zum Beispiel eine verblüffende Wirkung, wenn Sie die rosablühenden Pflanzen links und rechts am Ende Ihres Gartens gruppieren, die satten Rot-, Gelb- und Blautöne hingegen in der Nähe des Hauses, vielleicht neben dem Sitzplatz, unterbringen.

Den Balkongärtnern möchte ich mit Überzeugung zurufen: „Entschließen Sie sich dazu, diesen Sommer einmal nur die Farbe Rosa in Blüten umzusetzen!" Damit Sie niemals vorübergehende Blühlücken in Kauf nehmen müssen, können Sie in verschiedenen Pflanzgefäßen jeweils eine bestimmte Anzahl Ihrer Lieblinge „auf Pikett" stellen. Vergessen Sie bei dieser Gelegenheit die ausdauernden *„Fleißigen Liesel" (Impatiens)* und die bereits erwähnten Knollenbegonien nicht. Beide Pflanzen fühlen sich im Halbschatten am wohlsten – und bei beiden Pflanzen, die man somit nicht als ausgesprochene „Sonnenanbeter" bezeichnen könnte, gibt es bemerkenswerte Neuheiten zu verzeichnen.

Die „Fleißigen Liesel" sind mit einer neueren Sorte vertreten, die sich *„Impatiens Kobold"* nennt. Hier sind die Farben Karmin, Purpur und Scharlach besonders augenfällig – und die Blütengröße stellt alles bisher Dagewesene in dieser Pflanzengruppe in den Schatten. Die Samen der Sorte „Kobold" sind zwar ausgesprochen teuer, doch ist die Anzucht der Sämlinge absolut nicht schwierig, und die Ausbeute rechtfertigt den etwas hohen Preis durchaus.

Bei den *Knollenbegonien* sollten Sie nach Möglichkeit nach der Sorte „*Multiflora maxima*" Ausschau halten. Sie bringt sehr reichblühende, gefüllte und widerstandsfähige Pflanzen hervor, die außerdem wüchsiger und großblumiger als die bisherigen Multiflorasorten sind. Auch die Mehltauanfälligkeit hat man ihnen gründlich ausgetrieben. Mir gefällt hier die Sorte „Schweizerland" am besten; sie zeichnet sich durch dunkles Laub aus, was ich ungemein reizvoll finde. Allerdings ist „Schweizerland" eine leuchtendrote Multiflora-maxima-Begonie und tanzt somit aus der Reihe unseres Rosa-Reigens. Doch was tut's? Wir möchten ja das zarte, optisch vergrößernde Rosa hin und wieder mit einem farblichen Knalleffekt intensivieren, nicht wahr?

Sowohl Begonien als auch „Fleißige Liesel" sind nicht nur Balkonpflanzen, im Gegenteil. Im Garten, als Vorpflanzung vor Föhren oder anderen Nadelhölzern, sehen sie geradezu zauberhaft

Fleißige Liesel – Impatiens; Löwenmäulchen – Antirrhium

aus, und ihre Blühdauer ist unschlagbar, vorausgesetzt, Sie vergessen das Gießen nie.

Eine ganz bestimmte Ecke meines Gartens liebe ich über alles. Sie wird von einer wunderschön gewachsenen Legföhre beherrscht. Hinter diesem Gehölz gedeiht seit Jahren eine Gruppe Rittersporn von tiefblauer Farbe. Anfangs Sommer zieht der in voller Blüte stehende Rittersporn alle Blicke auf sich; sein hoher Wuchs ist nicht zu übersehen, und manchmal träume ich noch von ihm und sehe ihn sich leise im Sommerwind hin- und herbewegen. Die Föhre bildet zu dieser Zeit den „ruhigen Pol", doch ihr zu Füßen sitzen rote Blütenpunkte, satt und ebenfalls unübersehbar: es sind Knollenbegonien und „Fleißige Liesel".

Nach der Blüte wird der Rittersporn sofort handbreit über den Boden zurückgeschnitten und ausgiebig gedüngt. Der Erfolg dieser Prozedur ist eine zweite Blüte, spätestens Anfang September, wo das Blau im Garten mit der Lupe zu suchen ist. Sehr günstig kaschiert übrigens die Legföhre das zurückgeschnittene Stengel- und Blättergewirr des Rittersporns, derweil davor die unermüdlichen rosaroten Dauerblüher ihre Aufgabe erfüllen, nämlich die: meinen Garten stets mit farbigen Flecken zu versehen.

Der perennierende Rittersporn hält vorläufig noch seinen Winterschlaf. Für die Aussaat des *Einjährigen Rittersporns (Delphinium)* ist jedoch die Zeit hochaktuell. Zwar wäre bei dieser

Pflanze eine Herbst-Aussaat – an Ort und Stelle – vorzuziehen gewesen, doch wird es bestimmt gelingen, trotzdem noch kräftige und blühfähige Rittersporn-Stauden heranzuziehen, wenn man für die Anzucht die praktische „Hobby-Box" verwendet. Das ist eine Art „Miniatur-Treibhäuschen", kaum viel größer als eine Schuhschachtel, deren Deckel aus durchsichtigem Kunststoffmaterial besteht. In dieser Box herrscht nun tatsächlich eine regelrechte Treibhausatmosphäre, und das Saatgut keimt rasch und sicher. Ich finde auch das Format dieses Treibhäuschens ideal; es findet auf jedem Fensterbrett Platz, und die Größe ist so günstig bemessen, daß man nicht verführt wird, mehrere Blumensorten im gleichen Gefäß auszusäen, um sie später doch noch zu verwechseln.

Also muß ich mich jetzt beeilen – und „Einjährigen Rittersporn" aussäen, der für mich deshalb so erstrebenswert ist, weil er nicht nur in herrlichen Blau- und Violettönen blüht, sondern in seiner Farbskala auch noch Weiß, das verführerische Rosa sowie prächtige Rottöne aufzuweisen hat. Und nicht zuletzt ist der Besitz von „Einjährigem Rittersporn" für mich ein absolutes Muß, weil er pausenlos, einen ganzen Sommer lang, in voller Blüte steht. Die Blütenfülle ist so üppig, daß man sich immer wieder gerne einige Stengel davon für die Vase schneidet.

Blumensträuße, kombiniert mit Rittersporn, Löwenmäulchen, weißen Margeriten und einem Hauch zartesten Schleierkrautes – das bedeutet für mich die Verkörperung des Sommers, umgesetzt in einen – bei mir gewachsenen – Blumenstrauß.

Löwenmäulchen (*Antirrhinum*) gehören bekanntlich zu den farbenprächtigsten und demzufolge sicher auch zu den beliebtesten Sommerblumen. Wußten Sie, daß Löwenmäulchen recht gut „winterhart" sind und vielfach im nächsten Jahr frisch und fröhlich wiederkehren, wenn wir ihnen im Herbst nicht endgültig den Garaus machen? Lassen Sie die Stauden – möglichst nicht zurückgeschnitten – unbekümmert stehen und kürzen Sie dieselben erst im März, dicht oberhalb der nun bereits grünen Austriebe, ein.

Diese ebenfalls einen ganzen Sommer lang blühenden Blumen, können Sie ohne weiteres auch jetzt noch in einer „Hobby-Box" aussäen. Balkongärtner sollten sich dabei eher auf Zwerg- oder halbhohe Sorten konzentrieren, die lediglich 30 bis 50 cm hoch werden und in vielen Pflanzgefäßen Platz genug finden; für Gartenbeete ziehe ich die riesenblumigen Schnittsorten vor, die eine Wuchshöhe zwischen 80 und 100 cm erreichen.

Nach der ersten, wuchtigen Blütenfülle schneide ich die samenbildenden Blütenstände allesamt weg. Danach beginnen sich die Stengel zu verzweigen, um bald darauf von neuem Blüten nachzuschieben, die wieder vor der Samenbildung entfernt werden.

Wer auf diese Weise bei allen Sommerblumen – wie sie auch heißen mögen – die Samenbildung verhindert, wird sich viel länger über unentwegt blühende (und nicht verblühte!) Blumen freuen können. Sobald sich nämlich eine Pflanze auf Samenproduktion umgestellt hat, konzentriert sie ihre ganzen Kräfte auf diesen Nachwuchs und vergißt dabei das für uns so wichtige Blühen.

Machen Sie diesen Versuch einmal bei Ihren Petunien, Hängeglockenblumen, Cosmeen, Wicken usw. Sie werden es fortan nie mehr anders tun; der Blüherfolg ist wirklich überzeugend.

Wie man aussät, beschreibe ich Ihnen in einem separaten Kapitel. Ich darf hier lediglich nicht vergessen, zu betonen, daß Löwenmäulchen das Auspflanzen ins Freie bereits ab Ende April vertragen. Ein leichter Frost, wie er um diese Jahreszeit ohne weiteres noch möglich ist, kann diesen Unermüdlichen nicht so schnell einen spürbaren Schaden zufügen. Andere Sommerblumen, wie etwa Astern, Tagetes, Zinnien, Petunien usw., müssen sich unbedingt bis Mitte Mai – also nach den „Eisheiligen" – gedulden.

Meine Gedanken machen über der „Lektüre" eines Samenkataloges stets die unbändigsten Höhenflüge. Es braucht einiges, mich jeweils wieder auf den „Boden der Wirklichkeit" zurückzuversetzen. Ich muß mir eingestehen, daß mein Garten nicht nur von meinen Schwärmereien leben kann, sondern daß ich ihm regelmäßig auch die erforderliche Pflege angedeihen lassen sollte.

Doch immerhin: *Frühjahrsputz im Garten* besorge ich immer noch lieber als Frühjahrsputz im Haus. Und so bewaffne ich mich diesmal nicht mit Bleistift und Notizpapier, sondern mit dem fächrigen Laubrechen. Damit werden die Grasnarben gründlich aufgekratzt. Gleichzeitig wird der *Rasen* gesäubert, denn er soll ja jetzt grünen – und dazu muß er uneingeschränkt atmen können. Im vergangenen Jahr streute ich größere Mengen von Thomasmehl und Kalisalz über die Rasenfläche; das ist immer eine Januar- oder Februararbeit, die dem Rasen recht gut bekommt. Doch führe ich diese Streuarbeit nur alle zwei Jahre aus. In den dazwischenliegenden Jahren greife ich zu Torfmull, und das ist eine Arbeit für den März, wo der Boden bereits trittfester geworden ist. Ich verwende dazu „Floratorf" oder einen leicht düngerhaltigen Torf, den ich ungefähr fingerdick auflege und mit dem Laubrechen gut einharke und verteile (10 kg auf 100 Quadratmeter Rasenfläche sind richtig). Schon der nächste Regenguß wird genügen, daß von dieser Arbeit nichts mehr, vom Erfolg aber bald viel zu sehen ist.

An meinen Sträuchern gibt es einzelne Zweige, die keine Knospen mehr treiben und dürr zum Himmel ragen. Ihnen werde ich jetzt mit der Baumschere zu Leibe rücken und sie ganz unten, an der Basis des Wurzelstockes, wegschneiden. Darunter entdecke ich die ersten Schneeglöckchen, Blanda-Anemonen und Krokusse. Auch an Weidenkätzchen und Bienen muß ich jetzt denken. Ja das alles wird bald wieder zu den glückhaftesten Erscheinungen in unserem sonnenhungrigen Alltag gehören. Ob wir jetzt das etwas harte Wort – eine alte Bauernregel – besser begreifen, die lautet: „Märzenblüte ist ohne Güte"?

Natürlich sind für uns die ersten Frühlingsboten von besonderer Güte, geradezu von bestechender Schönheit. Davon lebt aber der Bauer nicht. Seine Blüten sind jene der Fruchtbäume; würden diese aber im März blühen, dann könnte schon der nächstfolgende Frost der späteren Fruchternte ein jähes Ende bereiten. Und welche Insekten fliegen denn schon bei Frost? – Womit auch wir Stadtmenschen die oben zitierte Bauernregel in ihrem tieferen Sinne verstanden haben, nicht wahr?

Was würden Sie wohl tun, wenn Ihre Lieblingsrose jetzt schon Knospen hätte? Vor jeder Frostnacht müßten Sie zittern und hätten alle Hände voll zu tun, das Schlimmste zu verhüten und der Pflanze Schutz zu gewähren. Doch so schlimm ist es, Gott sei Dank, gar nicht. Die Natur ist sehr weise – und erwacht eben erst.

In warmen und geschützten Lagen kann man am alten Holz der Rosen bereits deutliche, rosa angehauchte Anschwellungen der Triebaugen beobachten. Das ist ebenfalls ein recht eindeutiges Anzeichen dafür, daß der Frühling mit Riesenschritten näher kommt. Gibt uns das nicht ein herrliches Gefühl?

Nun heißt es aber auch, den *Rosenschnitt* vorzunehmen und ans *Pflanzen neuer Rosensorten* zu denken.

Neugepflanzte Edel- und Polyantharosen (auch im Herbst neu gepflanzte Stöcke) werden jetzt auf 3 bis 6 Augen zurückgeschnitten; Kletterrosen auf etwa 10 Augen. Rosen, die älter als ein Jahr sind, werden im Frühjahr vom erfrorenen Holz befreit. Durch den Schnitt wird die Wachstumsenergie der Pflanze erheblich gefördert. Deshalb schneiden gewiegte Rosenkenner ihre Edelrosen hin und wieder so, daß die Triebe des Vorjahres nur um wenige Augen gekürzt, dafür aber dünne und schwache Triebe bis nahe an der Basis entfernt werden.

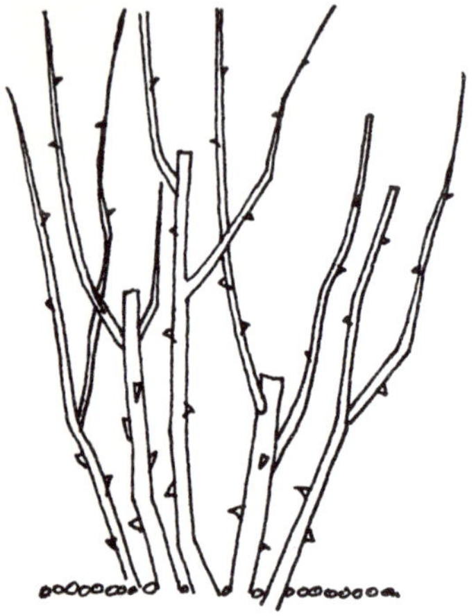

So werden Edelrosen im Frühjahr zurückgeschnitten

Öfter blühende Strauchrosen werden um knapp die Hälfte eingekürzt, wohingegen einmal blühende Strauchrosen nur wenig oder überhaupt nicht geschnitten werden sollten, denn ihre Blüten sitzen am „alten Holz". Hier schneidet man wirklich am besten nur die alten und schwachen Triebe weg, dafür radikal, direkt über dem Boden.

In den letzten Jahren konnten wir wieder grandiose Rosenneuheiten bewundern. Für Balkongärtner muß ich gleich die zinnoberrote „Petite Folie" vorwegnehmen. Sie duftet zwar nicht; die enorme Haltbarkeit der Blüten macht diesen Mangel aber wieder wett. „Petite Folie" ist eine starkwüchsige Miniaturrose, zeichnet sich durch schönes Blattwerk und große Blühwilligkeit aus, wird ca. 50 bis 60 cm hoch und eignet sich demzufolge auch zum Einpflanzen in größere – und vor allem genügend tiefe Pflanzgefäße.

Sogar in den gewöhnlichen Blumenkistchen aus Asbestzement, die üblicherweise unsere Pelargonien und Petunien beherbergen, gedeihen die ungefähr 20 bis 25 cm hohen Zwergrosen, wie etwa die rosafarbenen Sorten „Mimi", „Perle de Montserrat" oder „Cri-Cri"; in verschiedenen leuchtenden Rotvarianten verlocken „Compacta Eberwein", „Compacta Happy", „Zwergkönig", „Starina" oder „Scarlet Gem". Wer Gelb liebt, wählt zwischen „Pour Toi" und „Josephine Wheatcroft" – und wer Orange vorzieht, kann sich kaum zwischen „Baby Maskerade" und „Colibri" entscheiden; beide sind entzückend und blühen unaufhörlich.

Einige *Grundregeln,* die ich Ihnen schon bei anderen Blumenarten verständlich zu machen versuchte, gelten natürlich auch für die Rosen: !

1. Je mehr Pflanzen pro Sorte, desto besser die Wirkung.

2. Neue Rosen verlangen neuen, unverbrauchten Boden. Niemals dürfen Sie Rosen in dieselbe Erde pflanzen, wo bereits früher Rosen standen. Die Erde muß etwa 40 cm tief ausgehoben, der Untergrund gelockert und mit neuer, unverbrauchter Erde aufgefüllt werden, sonst wachsen die neuen Rosen nur kümmerlich oder sterben sogar ab.

Tropfenfall von Bäumen ertragen Rosen schlecht. Vermeiden Sie deshalb eine Pflanzung unter Bäumen und Sträuchern – Ihren Rosen zuliebe.

3. Abgeblühte Rosen und Blütenbüschel müssen stets sofort weggeschnitten werden; das fördert den nachfolgenden Blütenflor enorm.

4. Die besten Pflanzzeiten für Rosen sind Anfang Oktober bis zum Frosteintritt und dann wieder ab Mitte März bis Ende April. Im Herbst gepflanzte Rosen werden in der Regel im ersten Jahr kräftiger blühen als solche, die Sie im Frühjahr pflanzen. Kaufen Sie nach Möglichkeit nicht „irgendeine" Rose, sondern unbedingt Qualitätsrosen. Erst beim Blühen macht sich dieser wichtige Unterschied am deutlichsten bemerkbar!

! Besitzen Sie schon Rosen, sind aber nicht ganz zufrieden damit? Dann überlegen wir uns zusammen, worauf ein Mißerfolg zurückzuführen sein könnte:

1. ungenügendes Einwässern nach der Pflanzung und zu wenig durchdringendes Wässern bei Trockenheit, speziell in Rabatten vor Hauswänden und an Böschungen;
2. Unterlassen des Wurzelschnittes bei der Pflanzung (wir kürzen die Spitzen der Wurzeln ein, damit sie sich besser verzweigen) oder des Rückschnittes der Triebe im Frühjahr;
3. zu hohes oder zu tiefes Pflanzen;

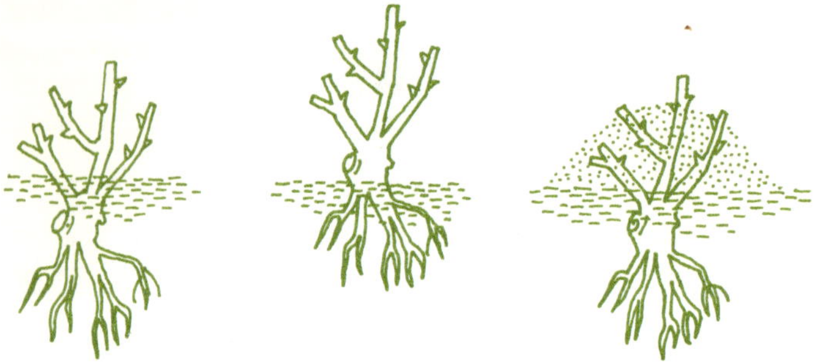

Auch bei der Rosenpflanzung kann man Fehler machen. Links ist zu tief gepflanzt worden; in der Mitte zu hoch, denn die Veredelungsstelle ragt über den Boden; nur die rechte Rose ist richtig gepflanzt und auch leicht angehäufelt, was das Austreiben erleichtert

4. Unterlassen des Abdeckens nach der Pflanzung als Schutz vor dem Austrocknen;
5. rosenmüder Boden oder verdichteter, undurchlässiger Untergrund wegen schlechter Bodenvorbereitung vor der Pflanzung;
6. Bodenschädlinge;
7. falsche Düngung (unmittelbar nach der Pflanzung, statt nach dem Anwachsen, zu starke Düngung – oder überhaupt keine Düngung).

Ich gebe zu: Das tönt alles recht kompliziert. In Wirklichkeit sind Rosen recht unkomplizierte Pflanzengeschöpfe. Sie möchten lediglich richtig eingepflanzt sein, dann sind sie bereits sehr zufrieden mit uns. Je mehr wir nun aber von den Rosen verlangen, desto mehr Aufmerksamkeit müssen wir ihnen angedeihen lassen. Denken Sie an den Dichter Friedrich Rückert, der sagte:

Miniröschen

„Sechs Blätter gibt die Lilie her,
Und fünf die Rose;
Kein Blättchen gibt die Lilie mehr,
Die wandellose;
Doch gutes Land und gutes Wetter
Gibt hundert statt fünf Rosenblätter."

Doch wenden wir uns einer anderen Pflanze zu, einer Pflanze nämlich die wundervoll zu Rosen paßt: der *Clematis.*

Besondere Freude habe ich an meiner – im Herbst gepflanzten – Clematis „Jackmanii"; sie hat den Winter glücklich überstanden und schiebt schon dicke, kräftige Blattknospen. Ob ich sie wieder aufbinden soll? Eine andere Clematis wurde letzten Sommer bei einem Gewittersturm bis an die Wurzel zerfetzt und zerrissen und konnte sich davon nicht mehr erholen. Sie ist nur drei Jahre alt geworden und hat in ihrem kurzen Leben eine unge-

Von der Clematis gibt es rot- und blaublühende Sorten

stüme Blühwilligkeit entfaltet. Vielleicht wird ihre Nachfolgerin vom gleichen Schicksal ereilt, wenn ich sie wieder an der Hauswand entlang zum Balkon steigen lasse.

Warum sollte ich eigentlich nicht einmal den Versuch wagen, die herrlich blaue Clematis – über ein leicht vom Boden abstehendes Drahtgeflecht gelegt – zwischen meinen gelben Rosen über den Boden fluten zu lassen? Die horizontale Lage gefällt ihr bestimmt auch, und ein Gewittersturm hätte weniger Widerstand, sich darin zu verfangen, auszutoben und das liebliche Pflanzengeschöpf kurzerhand umzubringen.

Dasselbe könnte man auch mit der rankenden *Winde* „Blauer Himmel" tun, deren herrliche Bläue bis heute unübertroffen ist. Die Winde ist allerdings nur „einjährig", für einen solchen Versuch aber vielleicht genau das Richtige.

Wer verbietet mir überhaupt, jetzt gleich noch eine zweite Clematis zu kaufen? Die leuchtend karminrote Sorte „Ville de Lyon" hätte ich schon lange gerne; sie blüht ungefähr zur gleichen Zeit wie ihre blaue Schwester „Jackmanii". Und schon steht mein Entschluß fest: Die rote „Ville de Lyon" wird als Blütenkaskade zum Balkon hinaufsteigen und die blaue „Jackmanii" wird zwischen den gelben „Goldkrone"-Rosen dahinrauschen. Somit wird ein Traumgebilde verwirklicht, und es bleibt lediglich abzuwarten, ob die Wirklichkeit meinen Träumen entspricht und tatsächlich „traumhaft" wird . . .

Doch vorläufig will ich in die „Wirklichkeit" zurückkehren. Das Wetter wird von Tag zu Tag spürbar wärmer, und nun kann ich mir auch den Genuß nicht mehr länger verwehren, meine Fenster und meinen Balkon wieder mit bunten Blumen zu schmücken. Überall werden jetzt Primeln, Bellis, frühblühende Tulpen und Osterglocken angeboten, was für mich – und meine Balkonkistchen im Moment wie gerufen kommt.

Wie hübsch wird das Fenster am Eingang meiner Haustüre aussehen, wenn aus einem langen Balkonkistchen jedem Besucher – und nicht zuletzt meiner ganzen Familie – buntleuchtende Frühlingsblumen entgegenlachen. Der erste Gruß vom Frühling höchstpersönlich.

Wenn das eine oder andere verblüht ist, dann wird es kurzerhand schnell ausgegraben und in den Garten verfrachtet. In der

Vergißmeinnicht – Myosotis – (links) und Hyazinthe

verbleibenden Lücke finden dann als Ergänzung himmelblaue Vergißmeinnicht oder tiefblaue Hyazinthen Platz, die bestimmt in der Gärtnerei auch schon mit frischer Luft in Kontakt gekommen sind und deshalb kühle Nächte unbeschadet überstehen werden. Wer seine Blumen liebt, wird ohnehin darauf achten, ob Frostnächte zu erwarten sind, und in solchen Fällen die notwendigen Vorkehrungen treffen.

Soll ich Ihnen verraten, was ich in den beiden letzten Jahren als allerersten „Frühlingsgruß“ auf meinem Fenstersims stehen hatte? Es war eine Pflanzenschale, vollgestopft mit dunkelvioletten Krokussen und tiefroten Primeln. Als „dritte Dimension“ steckte ich abgeschnittene – und im warmen Zimmer angetriebene – Forsythienzweige in diese Schale. Diese fühlten sich in der feuchten Erde sehr wohl und öffneten bald ihre leuchtendgelben Blütenknospen. Auch die zartgrünen Blättchen begannen an diesen Zweigen zu sprießen, weshalb ich sie kurzerhand in dem Gefäß beließ. Eines schönen Tages wollte ich all diese eingesteckten Zweige entfernen und stellte dann entzückt fest, daß sie inzwischen Wurzeln geschlagen hatten. Was lag da näher, als den Versuch zu unternehmen, ob sie an einem freien Gartenplatz weiterwachsen würden? Sie taten es! Seit zwei Jahren wächst ein hübscher Forsythienstrauch heran, der sich jetzt bald wieder sein bezaubernd goldgelbes Blütenkleid anziehen wird.

Von Jahr zu Jahr kann ich der Versuchung nicht widerstehen, einige Pflanzen des herrlich duftenden *Goldlacks (Cheiranthus)* in Blumenkistchen oder größeren Schalen auf meinem Balkon in allernächster Nähe bei mir zu haben. Goldlack gibt es in verschiedenen Sorten, und die Höhe des Wuchses ist ebenfalls unterschiedlich. Es gibt davon gelbe, orangefarbene bis dunkelbraune, meist sogar winterharte Arten, die eine Höhe von 50 bis 60 cm erreichen. Sie passen dann vor allem in größere Pflanzgefäße, und dazu sind kompaktwüchsige *Vergißmeinnicht* (Myosotis indigo compacta), feurigrote *Wildtulpen* und weiße *Narzissen* wundervolle Gefährten.

Für längliche Balkonkästen wäre der leuchtend orangefarbene Goldlack (Cheiranthus allionii) vorzuziehen, weil er bestenfalls eine Höhe von 45 cm erreicht und mit einer niedrigen Zwischenpflanzung von gelben und dunkelroten Primeln himmlisch wirkt – und nicht zuletzt himmlisch duften würde.

Wenn ich eine genügend große – und vor allem auch ordentlich tiefe – Pflanzenschale verwende, dann findet sogar noch eine zwergwüchsige, beinahe kugelrunde Miniaturlegföhre mit der Bezeichnung „Gnom" oder „Mops" darin Platz. Das ergäbe eine sehr harmonische Pflanzengemeinschaft, die meinen Hauseingang bestimmt frühlingshaft gestalten und vor allem wesentlich verschönern würde.

Verbenen, kleinblumige Begonien, Ageratum, niedrige Tagetes und Stiefmütterchen findet man auf jedem Friedhof. Es sieht beinahe so aus, als wären diese hübschen und leuchtkräftigen Blümchen ausgesprochen für die Grabbepflanzung zum Leben erweckt worden. Wer diese gedrungen wachsenden und beinahe unermüdlich blühenden Pflanzen schon einmal in einem Balkonkistchen angesiedelt hat, wird sich bestimmt immer und immer wieder mit ihnen befassen.

Stiefmütterchen, Primeln und Bellis sind sehr frühzeitig im Jahr im Handel. Ich versuche in meinem Geist bereits mit diesen Blumen zu „komponieren":

Zu feurigroten *Salvias,* die ihre Zusatzbezeichnung „Feuerzauber" nicht umsonst erhalten haben, wähle ich tiefblaue *Stiefmütterchen,* kleinblumige, zartrosafarbene und gefüllt blühende *Bellis* – und vielleicht noch zwei Gruppen hochaufstrebende, frühblühende, knallgelbe *Osterglocken.* Die hohen Osterglocken bilden hier wieder die erstrebenswerte „dritte Dimension", die nicht nur im Garten, sondern auch in Balkonkistchen günstige Effekte vermittelt.

Bald wird es auch *Hyazinthen* geben. Da wären leuchtend-rosarote Blütendolden dieser Duftprinzessinnen, zusammen mit himmelblauen Vergißmeinnicht und überhängenden Kissen dunkelvioletter *Aubrietien* bestimmt sehr hübsch.

Überhaupt liebe ich solche Polsterpflanzen in Balkonkistchen: sie nehmen diesen Pflanzgefäßen den etwas steifen Charakter, und das ist auch der Grund, weshalb ich immer und immer wieder nach Hänge- oder Kletterpflanzen greife.

Der weiße oder blaublumige *„Stern von Bethlehem"*, auch als *„Ampelpflanze"* bekannt, gehört unbedingt dazu. Wenn dieser Pflanze die verblühten Blumen – und es gibt eine Unzahl davon – regelmäßig weggeknipst werden, dann blüht sie beinahe einen Sommer lang, vorausgesetzt, sie bekommt genug zu trinken. Ihre „durstige Seele" ist beinahe sprichwörtlich.

Zur „Ampelpflanze" – ob weiß oder blau – passen zum Beispiel die kleinblumigen „Friedhof"-Begonien in den verschiedensten Rottönen. Wunderschön wären auch weiße Pelargonien, zusammen mit einem blau-violetten „Stern von Bethlehem" und rosablühenden Begonien – oder umgekehrt, also etwa rosarote Hängepelargonien, mit weißen Ampelpflanzen vermischt, und dazwischen dunkelblaue Vergißmeinnichtstauden, die etwas später durch violettblaue Ageratumpflanzen oder Verbenen ersetzt werden könnten.

Verblühte Vergißmeinnichtstauden werfe ich übrigens niemals fort. Ich lege die ausgegrabenen und unansehnlich gewordenen, kurzum die verblühten Pflanzen, an einen etwas verborgenen Platz an der Böschung meines Gartens – und vergesse sie dort eine Zeitlang. Später schüttle ich die inzwischen ausgereiften Samen aus, indem ich frisch und fröhlich auf die beinahe zu „Heu" gewordenen Stauden klopfe. Das ist alles – und doch sehr viel. Denn im folgenden Jahr überraschen mich jeweils himmelblaue Blüteninseln der tatsächlich „unverwüstlichen" und treuen Vergißmeinnicht. Sie sind wirklich nicht zu übersehen, also „nicht zu vergessen" – die Vergißmeinnicht. !

Bei meinen feuerroten *Pelargonien* machte ich einmal den Versuch, blaue *Trichterwinden* beizugesellen – und der Erfolg war überzeugend. Wenigstens für mich. Die riesenblumigen, tiefblauen Trichterwinden *(Ipomoea)* wollten beinahe in den Himmel hinauf ranken und sie hielten sich dabei an den Wänden und am Sonnenstoregestell fest. Wo sie keinen Halt fanden, fluteten und wogten sie kurzerhand über die Balkonbrüstung hinunter. Und das hat mir ganz besonders gut gefallen.

Trichterwinden sind „einjährige" Pflanzen, und es lohnt sich, ihnen Jahr für Jahr nachzuforschen. Man begegnet ihnen nicht überall und auch nicht allzu oft. Vielleicht kann Ihnen eine Staudengärtnerei anstelle der Ipomoea eher die *Cobaea* anbieten. Dann zögern Sie nicht lange und greifen Sie zu. Cobaeas stehen mit ihren faszinierend violett-blauen Glockenblüten den Trichterwinden in keiner Beziehung nach. Und sollten Sie keine der beiden Pflanzen auftreiben können, dann ist es immer noch nicht zu spät, sie aus Samen selber heranzuziehen.

Und schon denke ich an die *erste Aussaat im Freien.* Bei trockenem Wetter kann im Garten ab Ende März bereits die Fläche für Neupflanzungen hergerichtet werden.

Denken Sie daran, daß *Wicken (Lathyrus odoratus), Ringelblumen (Calendula), Goldmohn (Eschscholtzia californica)* und *Kapuzinerkresse (Tropaeolum)* direkt an Ort und Stelle ausgesät werden können – und zwar schon jetzt.

Cobaea hat prachtvolle violett-blaue Glockenblüten

Tränendes Herz – Dicentra spectabilis

Balkongärtner säen demzufolge direkt in die gewünschten Pflanzgefäße. Damit ersparen sie sich ein späteres Umpflanzen und haben lediglich noch die Aufgabe, allzu dicht wachsende Saat etwas auszulichten.

Wußten Sie übrigens, daß *Kapuzinerkresse* die Eigenschaft besitzt, sämtliche Blattläuse der Umgebung auf sich zu vereinen? Sie locken dieses „Lausevolk" zu sich herbei – und alle umliegenden Bohnen, Erbsen usw. haben das Nachsehen. Für „Gemüsegärtner" ist dies vielleicht ein brauchbarer Tip. Natürlich müßte die Kapuzinerkresse recht nahe bei dem fraglichen Gemüse wachsen. Wer die lieblichen „Kapuzinerli" hingegen als Blütenpflanze – und nicht als „Tummelplatz für Läuse" – auserkoren hat, wird hin und wieder zur Giftspritze greifen müssen . . . !

Am 21. März ist der offizielle Frühlingsbeginn.
Dennoch ist es längst nicht ausgeschlossen, daß wir immer noch mit stärkerem Frost rechnen müssen. Es ist deshalb ratsam, für gewisse Pflanzen, die bereits im Austrieb stehen, Deckmaterial bereitzuhalten. Das „Tränende Herz" (Dicentra spectabilis) ist für diese Fürsorge z. B. sehr dankbar.

Sobald die Blattspitzen der Tulpen und Narzissen einige Zentimeter aus dem Boden äugen, ist der günstigste Zeitpunkt für deren *Düngung* gekommen. Besonders bei älteren Pflanzungen ist sie wichtig, damit die Zwiebeln gekräftigt werden und im nächsten Frühling, also bereits ein Jahr später, wieder größere Blüten !

bringen. Streuen Sie deshalb pro Quadratmeter ungefähr zwei Handvoll eines blauen Volldüngers aus und hacken ihn an der Oberfläche sehr sorgfältig ein. Achten Sie darauf, daß die Triebspitzen nicht verletzt werden und kein Dünger in die Blattachseln fällt.

Wenn der Gartenboden nicht mehr beetweise am Spaten kleben bleibt, so können Sie jetzt auch den längst herbeigesehnten Strauch oder Baum pflanzen. Es ist sogar allerhöchste Zeit dazu!

Bei der *Baumpflanzung* muß die Pflanzgrube so breit und so tief sein, daß die Wurzeln ungehindert darin Platz finden. Grundsätzlich soll eine Pflanzgrube für einen Baum mindestens 80 cm tief ausgehoben werden, damit die Wurzeln ein aufgelockertes Erdloch vorfinden. Der Baum muß so tief sitzen, daß seine Hauptwurzeln und Faserwurzeln vollkommen mit Erde bedeckt sind. Zum Angießen eines Baumes sind mindestens 20 Liter Wasser erforderlich und außerdem sollte die Pflanze für die erste Zeit noch mit feuchtem Torfmull abgedeckt werden.

Sträucher erfordern eine genauso sorgfältige Pflege bei der Pflanzung wie die Bäume, nur brauchen die Pflanzgruben nicht so tief zu sein. 40 cm Tiefe und 60 cm Breite genügen eigentlich für alle Ziergehölze, die mit und ohne Ballen aus der Baumschule geliefert werden. Das Tuch um den Pflanzenballen müssen Sie nicht unbedingt entfernen, sofern es aus einem Jutegewebe besteht. Dann handelt es sich ja um ein Gewebe aus Pflanzenfasern, die sich in der Erde gänzlich zersetzen. Immerhin muß das Tuch aufgeknotet werden, damit es die sich ausdehnenden Pflanzenteile später nicht einschnürt.

Draht und Plastikhüllen sind hingegen unbedingt zu entfernen, da sie in der Erde nicht verfaulen und die Wurzeln am Durchwachsen hindern.

Wer *Lilien* liebt, hat vielleicht den besten Zeitpunkt zur Auspflanzung – im Herbst – verpaßt. Es gibt aber einen Trick, trotzdem noch in den Genuß dieses wahrhaftigen „Blühwunders" zu gelangen.

Vielerorts sind Lilien ohnehin nur bis zum April erhältlich, und es mag sein, daß Sie jetzt noch schnell die glückliche „Wahl Ihrer Träume" treffen können, aber Eile tut jetzt wirklich not.

Lilien sind seit wenigen Jahren wieder in großer Mode . . . und das Angebot ist dementsprechend. Großartige und phantastische Neuheiten, bewährte Sorten und raffinierte Spezialitäten werben um unsere Gunst.

Doch Sie möchten ja meinen „Trick" kennenlernen. Er sei verraten: Jede Lilienzwiebel kommt in einen mittelgroßen Blumentopf, dessen Boden mit einer Schicht Tonscherben bedeckt wird, damit eventuelle überflüssige Wassergaben schnell und sicher versickern. Der Blumentopf wird vorläufig nur bis zur Hälfte mit einer Erdmischung aus verrotteter Mistbeeterde oder alter Komposterde, die mit etwas Lehm und feinem Flußkies, sowie einigen Holzkohlenstückchen vermengt wird, gefüllt. Eine Lilienzwiebel sollte darin jetzt noch bequem Platz finden, aber höchstens mit etwa 2 cm Erde überdeckt werden. Der übrige leere Raum bis zum Topfrand sollte noch ungefähr 5 bis 8 cm betragen.

Alsdann stellen Sie die „Lilienkultur" an einen hellen Platz im Keller und gießen regelmäßig, aber sehr vernünftig. Sobald die Zwiebeln ihren Stengel treiben und sich am Grund Wurzeln zeigen – die den Stengel übrigens miternähren helfen –, wird der noch leere Raum bis zum Topfrand mit Erde aufgefüllt oder aber auch an Ort und Stelle im Garten – etwa 12 cm tief – vergraben.

Bei der Auswahl des endgültigen Standortes im Freien wäre zu bedenken, daß Lilien Morgen- und Abendsonnenanbeterinnen sind, die Mittagssonne jedoch nicht leiden können. Sie lieben „warme Füße" und einen „kühlen Kopf" – und diesen Gefallen können wir ihnen ohne weiteres zubilligen, finden Sie nicht auch? Ihr Lohn an uns wird groß sein.

Chinalilie

Aussäen – Pikieren – Düngen

Immer wieder ist die Rede vom Aussäen. Aussäen ist aber nicht jedermanns Sache! Von der Aussaat bis zur auspflanzfähigen Blume vergehen einige Wochen, und während dieser langen Zeit stehen allüberall Saatschalen herum. Am liebsten stehen sie auf dem Fensterbrett, vorausgesetzt, es handelt sich nicht um sogenannte „Dunkelkeimer". Man muß schon ein wirklicher Blumenfreund sein, wenn man sich mit dieser momentanen Unordnung in Fensternähe abfinden soll.

Ich habe in dieser Angelegenheit meine ganz persönliche Meinung: Alle wohlbekannten einjährigen Sommerblumen, wie etwa Astern, Zinnien, Löwenmäulchen, Verbenen usw. besorge ich mir in einer Handelsgärtnerei. Ab Mitte Mai herrscht hier ein Riesenangebot, und meine Saatgefäße sind dann nicht von Jungpflänzchen besetzt, die jede Gärtnerei in ihrem Sortiment unbedingt führen muß. Doch auch der Gärtner kennt längst gewisse Rationalisierungsprobleme und verzichtet deshalb auf die Anzucht der weniger gefragten, manchmal um so kostbareren Sommerblumen. Er wird Ihnen gewiß weiße, rosafarbene und dunkelrote Cosmeen als Setzlinge anbieten können, fragen Sie aber nach einer orangefarbenen Cosmeen-Sorte, dann werden Sie in den wenigsten Fällen bedient. Oder haben Sie sich auch schon erfolglos nach Cleomen, Judassilberlingen oder der roten Englischen Wolfsmilch erkundigt?

Sehen Sie, genau hier beginnt es für mich reizvoll zu werden, die Aussaat selber an die Hand zu nehmen.

In erster Linie besorge ich mir neues und deshalb garantiert keimfähiges Saatgut. Alte Sämereien keimen schlecht – oder überhaupt nicht; die Vögel verzehren solche Körnchen aber immer noch als Leckerbissen.

Die bekannteste Art des Aussäens erfolgt in Töpfe, saubere

Kistchen oder flache Schalen, die mit möglichst unkrautfreier Spezialerde, vermischt mit viel Sand und ungefähr einem Fünftel Torfmull, aufgefüllt werden. Es ist vorteilhaft, wenn Sie über die ganze Bodenfläche eine niedrige Schicht Kies ausbreiten, damit überflüssiges Wasser gut absickern kann.

Vor dem Aussäen sollten Sie die Erde gut anfeuchten; würden Sie diese Arbeit zuletzt ausführen, dann müßten alle Samenkörnchen durcheinander schwimmen und alle zuvor aufgewendete Sorgfalt wäre zunichte gemacht.

Nach dem Anfeuchten wird die Erde zusätzlich noch gut angedrückt, wobei Ihnen ein flaches Brettchen gute Dienste leistet.

Und nun dürfen Sie ans *Aussäen* denken. Je gleichmäßiger, vor allem auch je sparsamer und dünner Sie die Saat streuen, desto weniger intensiv müssen Sie später pikieren. Die einzelnen Sämlinge können sich auch besser entwickeln, und Sie können eines schönen Tages kräftige Jungpflanzen ins Freie versetzen.

Ganz feines Saatgut sollten Sie nie von oben her gießen; tauchen Sie die Saatschalen bis knapp unter den Rand ins Gießwasser, wozu Sie allerdings etwa 3 bis 5 Minuten Zeit aufwenden müssen. Gröbere Saat darf von oben her befeuchtet werden, und dies geschieht am besten vom Schalenrand her.

Für alle Saaten ist eine *regelmäßige Feuchtigkeit* äußerst wichtig. Verwechseln Sie aber bitte Feuchtigkeit nicht mit „Nässe"! Sollten Sie sich gar einmal ans Aussäen von mehrjährigen Blumenstauden heranwagen, dann ist es vorteilhaft, wenn Sie die Saatgefäße während den ersten zwei Wochen mit feuchten Moospolstern bedecken. Staudensaaten keimen nämlich etwas langsamer, und das Moos vereinfacht Ihnen die Pflege erheblich.

Viel Licht ist den meisten Keimlingen nützlich; Sonne hingegen äußerst schädlich. Sogenannte „Dunkelkeimer" müssen natürlich mit Zeitungen oder schwarzen Folien überdeckt oder, noch besser, in einem dunklen, luftigen Raum zum Keimen gebracht werden. Doch sofort nach dem Keimen dürfen auch diese Sonderlinge ans Licht, jedoch keinesfalls an die Sonne gestellt werden.

Auf jedem Samentütchen ist übrigens ausdrücklich vermerkt, ob es sich um „Licht"- oder „Dunkel"-Keimer handelt; manchmal werden die handelsüblichen Abkürzungen wie „LK" (Lichtkeimer und „DK" (Dunkelkeimer) verwendet.

„Lichtkeimer" dürfen Sie schon vom ersten Tag an ans Fenster eines warmen Raumes stellen.

Wenn Sie Ihre Saat mit einer Glasscheibe oder einem luftdichten, durchsichtigen Plastiksack bedecken, dann versetzen Sie Ihre Pflanzenkinder in eine Treibhausatmosphäre. Sie keimen bei dieser Methode wesentlich schneller und besser, denn auch die stets feuchtigkeitsgesättigte Luft unter dem Glas oder der Plastikhaube ist eine wesentliche Starthilfe, auf die ich beim Aussäen jedenfalls nie verzichte. !

Sobald sich die ersten beiden Keimblättchen gebildet haben, brauchen die Pflänzchen auch frische Luft. Lüften Sie deshalb täglich stundenweise, indem Sie die Plastikhaube entfernen oder unter die Glasplatte Lüfthölzer schieben.

Bald einmal recken die jungen Pflänzlein ihre Hälse nach dem Licht. Sie würden buchstäblich krumm wachsen und krumm bleiben, gäbe es keine geeigneten Maßnahmen. Durch tägliches Drehen der Saatgefäße oder durch Aufstellen eines Spiegels auf der dem Fenster abgewandten Seite lösen Sie dieses Problem auf einfachste Art.

Sobald sich die ersten beiden Keimblättchen gebildet haben, muß die Saat auch pikiert werden! *„Pikieren"* bedeutet so viel wie „vereinzeln". Hat man die Saat locker ausgestreut, so bereitet das Pikieren jetzt keine allzu große Mühe; bei dicht ausgestreuter Saat stehen die einzelnen Keimlinge viel zu nahe beieinander und verhindern sich gegenseitig am Wachstum. Zu einem kräftigen Wachstum benötigt jede Pflanze viel Platz am „Fuß" und am „Kopf". Unten soll sie einen guten Wurzelballen bilden können, und oben sehnt sie sich nach Luft und Sonne. Hätte sie diese Voraussetzungen gewöhnlich nicht, müßte sie verkümmern. Also muß pikiert werden.

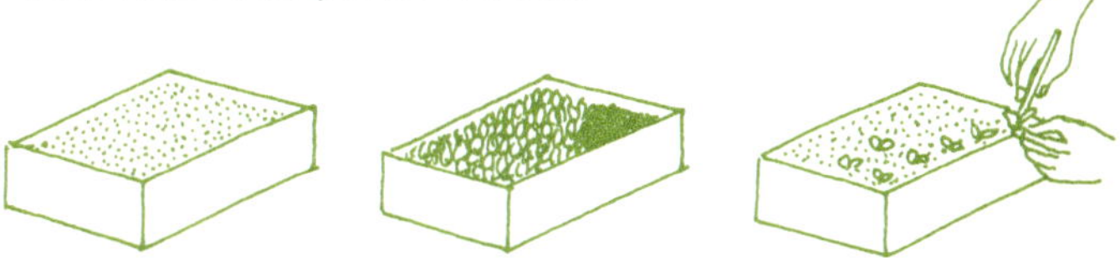

Zu dicht stehende Saat muß sorgfältig ausgelichtet = pikiert werden

Die stärksten Keimlinge dürfen stehenbleiben, die kleinen und kümmerlich wachsenden müssen weichen. Zupfen Sie dieselben mit spitzen Fingern oder einer Pinzette heraus, oder nehmen Sie ein spezielles Pikierhölzchen zu Hilfe, mit welchem Sie die Pflänzchen mitsamt dem winzigen Wurzelballen aus der Erde herausheben können. Selbst ein Bleistift oder der Stil eines alten Kaffeelöffels sind mir für diese Arbeit schon nützlich gewesen.

Sobald die „Jungschar" genügend freien Platz um sich herum erobert hat, können Sie sich über ein überraschend schnelles Wachstum freuen. Doch erst ab Mitte Mai, also nach den gefürchteten Eisheiligen, werden die Jungpflanzen ins Freie umquartiert. Bis Mitte Mai können nämlich immer noch gefährliche Nachtfröste auftreten, die Ihnen innerhalb von wenigen Stunden zunichte machen, was Sie wochenlang mühselig aufgepäppelt haben. Und das wäre tatsächlich jammerschade. Gönnen Sie den jungen Pflanzen im Freien eine kurze „Anlaufzeit", denn jetzt müssen sie sich erst einmal an die neue Umgebung gewöhnen; demzufolge haben sie einen kurzfristigen Wachstums-Stillstand.

Säßen sie bereits in den praktischen *Torfmullbechern,* auch *„Jiffy-Pot" oder „Finnpot"* genannt, so würden sie auch jetzt „hemmungslos" weiterwachsen; von einem Wachstums-Stillstand könnte nicht die Rede sein!

Es ist eine herrliche Hilfe, wenn man für das Aussäen solche Torfmullbecher zur Verfügung hat. Die Pflanzen gedeihen darin tatsächlich wesentlich besser! Entweder sät man direkt in diese Töpfe, womit man sich gleichzeitig ein ausgiebiges Pikieren erspart. Oder aber man pikiert die stärksten Pflänzchen wenigstens in Torfmulltöpfchen, damit sie beim Auspflanzen nicht noch einmal gestört werden. Die Pflanzen durchwachsen nämlich den Torftopf und werden damit umgetopft, sollte es sich um Zimmerpflanzen handeln – oder ins Freie ausgepflanzt, sollte es sich um Sommerblumen handeln. Der nährstoffhaltige Torftopf löst sich dann im Tontopf oder im Gartenbeet in wertvollen Humus auf.

Auch der weniger geübte Hobbygärtner wird mit einem Zimmergewächshaus, das auf jedem Fensterbrett bequem Platz findet, beim Aussäen Erfolg haben. Seit kurzem gibt es auch solche Zimmergewächshäuser mit einer Klarsichthaube, in die Sie die pflanzenfreundlichen *Torfpflanzplatten,* auch *„Finnhumusplatten"* genannt, legen können. Diese finnischen Torfpflanzplatten haben eine Größe von 14 × 50 cm und wurden 15 cm stark gestochen und erst noch gedüngt. Dann aber wurden sie auf eine Dicke von lediglich etwa 2 cm gepreßt. Deshalb müssen diese Platten vor der Saat oder Pflanzung gründlich gewässert werden. Dazu legt man sie am besten während einigen Stunden in ein Wasserbad. Die Platten quellen zu einer Dicke von ungefähr 6 cm auf, und nun können Sie direkt auf diesen vorzüglichen Humus aussäen – oder pikieren. Zum Auspflanzen stechen Sie mit einem Löffelstiel oder Küchenmesser die einzelnen Pflanzen aus und setzen sie mit dem erstklassigen Finnhumusballen ins Gartenbeet.

Möchten Sie auf einer Terrasse einen Streifen Rasen? Dann können Sie sich auch diesen Wunsch auf der Stelle erfüllen! Mit Torfpflanzplatten, ausgelegt auf einer Plastikfolie, können Sie überall, sei es Beton, Kies oder ein geteerter Weg, alles kultivieren und brauchen nicht zu jäten. Tönt das nicht wie Zukunftsmusik?

Rasen wird immer nur dann ausgesät, wenn der Boden mindestens fingertief durchfeuchtet ist. Im Freien eignen sich die ersten warmen Frühjahrswochen zu dieser Arbeit. Im feuchten Boden keimt der Rasensamen relativ schnell, und es besteht keine Gefahr, daß er im Boden vertrocknet. Sie können die Rasensaat im Freien jedoch auch im Herbst vornehmen. Dann ist die nächtliche Taubildung für die Samen wieder günstig; den sattgrünen Rasenteppich dürfen Sie natürlich erst im kommenden Frühjahr erwarten. Säen Sie, wenn möglich, nie bei windigem Wetter. Grassamen sind sehr leicht und werden allzu schnell fortgeweht. Sollten Sie es nicht wagen, von Hand auszusäen, dann mieten oder kaufen Sie am besten einen Streuwagen. Damit können Sie später auch Dünger verteilen. Immerhin bleibt zu bedenken, daß sich die Ausgabe für einen Streuwagen niemals lohnt, wenn Sie nur einen kleinen Garten besitzen.

Sobald der Rasensamen ausgestreut ist, wird die Saat noch leicht, aber nur ganz oberflächlich, in den Boden eingeharkt. Zu tief im Boden liegende Samen faulen, und unbedeckte Samenkörner werden von den Vögeln aufgepickt.

Müssen Sie lediglich einige unschöne Stellen im Rasen ausbessern? Dann kratzen Sie vor dem Aussäen den Boden leicht auf und bedecken die Samen zum Schluß mit etwas Sand oder einer 1 cm dicken Erdschicht. Zum Schluß lege ich jeweils ein Brett auf solche Saatstellen und hüpfe ein paarmal kräftig drauf herum. Dadurch wird die Erde zusammengepreßt und die Saatstelle bleibt kompakt.

Daß man niemals auf frisch angelegtem Rasen herumspaziert, weil sonst unschöne und kaum wieder in Ordnung zu bringende Löcher entstehen, muß ich Ihnen bestimmt nicht sagen.

Im Frühjahr angesäter Rasen sollte niemals Durst leiden. Also ist der Gartenschlauch mit der feinen Sprühdüse stets griffbereit zu halten.

Doch nun zurück zu unseren Rasenstreifen auf dem Balkon. Die vor dem Aussäen gut durchtränkten Finnhumusplatten behalten ihre Feuchtigkeit im Windschatten eines Balkons relativ lange. Für die ersten Tage haben ihre Samen die besten Bedingungen. Prüfen Sie ab und zu nach, ob die Pflanzplatten leicht übersprüht werden müssen. Sobald der Rasen keimt und zu wachsen beginnt, zehrt er natürlich entsprechende Wassermengen auf, die zu ersetzen sind.

Im Sommer müssen Sie – ob Terrassen- oder Gartenbesitzer – ohnehin vermehrt zur Gießkanne oder zum technischen Sprühregen greifen.

Beim Aussäen sollten Sie es sich in jedem Fall zur Regel machen, mit Samen eher sparsam umzugehen! Denn: Dünn ausgesät ist halb pikiert – und wenn Sie bedenken, wieviel Platz jede einzelne Blume später für sich beansprucht, dann wird Ihnen das Einhalten dieser Grundregel gar nicht sonderlich schwerfallen.

Modebewußte Leute informieren sich immer wieder über Neuheiten aus dem Schuhsektor, der Bekleidungsindustrie sowie auch über die allerletzten Kreationen internationaler Haarkünstler. Doch, was hat dies mit Blumen zu tun? Nun, ich frage mich immer wieder, weshalb wir „Gärtnerseelen" eigentlich nicht auch hartnäckig nach den erwähnenswertesten Neuheiten aus dem Gartenbausektor Ausschau halten sollten.

Da wären zum Beispiel die *Samen in Pillenform!* Etwas wirklich Neues, vermutlich auch Narrensicheres. Denn was sollte jetzt beim Säen noch schiefgehen, wenn die einzelnen Samenkörner – gut sichtbar – auch mit ungelenken, vom kühlen Wetter vielleicht sogar steif gewordenen Fingern, in Reih und Glied ausgelegt werden können? Ich habe es bereits selber ausprobiert und bin so begeistert von der Pillensaat, daß ich nur bedauern kann, daß es vorläufig noch nicht allzu viele Pflanzensorten gibt, deren Samen pilliert erhältlich sind.

Wann gesät werden soll, ist jeweils von der entsprechenden Pflanze abhängig. Es gibt terminungebundene Pflanzen, die praktisch zu jeder Jahreszeit ausgesät werden können; dazu gehören zum Beispiel die Kakteen. Andererseits gibt es auch sogenannte Frostkeimer, die wenigstens 14 Tage dem Frost ausgeliefert werden sollten. Hier ist es lediglich wichtig, die Angaben auf den Samentütchen genau zu studieren und sich nach Möglichkeit daran zu halten.

Bei Pillensamen werden Freilandaussaaten zum Beispiel wie folgt vorgenommen: Säen Sie Pillensamen nie zu tief. Decken Sie die Pillen höchstens mit 1 cm Erde zu; das genügt vollkommen. Am besten säen Sie die Pillensamen (aber auch normale Samen) in 1 cm tiefe Rillen, gießen dann die Samen in den Rillen tüchtig an – und decken die Samen erst nach dem Gießen zu. Pillensamen werden sich dabei kaum wesentlich verschieben, wobei allerdings auch hier zu betonen ist, daß sorgfältig und gefühlvoll gegossen werden muß. Werden die Samen erst *nach* dem Gießen mit Erde zugedeckt, so hat dies einen Vorteil, der immerhin erwähnt werden sollte: bei dieser Methode verkrustet der Boden weniger, und es findet auch keine übermäßige Wasserverdunstung statt. Nur wenn es einige Tage nicht regnet, müssen Sie selbstverständlich nachgießen.

Wissen Sie, was die Reklame von den Samen in Pillenform sagt? „Ihre Arbeit ist leichter – Ihre Pflanzen gedeihen besser – Sie ernten schneller und mehr!" Und ich kann Ihnen aus eigener Erfahrung sagen, daß diese Behauptungen tatsächlich auch stimmen. Ich kann sogar noch eine weitere Reklame hinzufügen: Pillensaat keimt ausgezeichnet und enorm schnell.

Kein Wunder! Pillensaat ist nämlich ein hochkeimfähiges, scharf gereinigtes Saatgut, welches mit einer farbigen Hüllmasse umgeben ist. Diese Hüllmasse löst sich in der Erde auf, sobald Feuchtigkeit an sie herankommt. Dank der pillenartigen Hüllmasse sind die Samen nun handlicher und beim Aussäen viel besser sichtbar.

So ist es nun auch dem Anfänger möglich, feine Samen regelmäßig und dünn auszusäen. Die Sämlinge haben nun gleich von Anfang an genügend Platz und entwickeln sich schon deshalb sichtbar schneller. Speziell die allerfeinsten Samen lassen sich nur mit Mühe (und oft überhaupt nicht) auf die normal weite Distanz säen. Dies ändert sich nun schlagartig mit der Pille. Ob Sie nun in Torftöpfe, Saatschalen – oder ins Frühbeet säen: Ihre Jungpflanzen werden bestimmt gleichmäßiger und schöner. Ich sage Ihnen aus Überzeugung: ein Versuch lohnt sich.

Und sollte ich Sie schon davon überzeugt haben, daß Torfmulltöpfchen ebenfalls zum Besten gehören, das sich ein „Gärtnerherz" wünschen kann, dann muß ich Ihnen unbedingt noch von einer weiteren, aufsehenerregenden Neuheit berichten.

Den Pillensamen folgen jetzt noch *„Wunder-Tabletten"*. Ja, so nennt sich nämlich eine neue „Jiffy"-Schöpfung, noch genauer: *Jiffy-7.*

Ich kann mir denken, daß Sie sich darunter vermutlich nichts Konkretes vorstellen können, und muß Ihnen diesen letzten Hit deshalb auch noch etwas näher beschreiben: Jiffy-7 ist – wie gesagt – eine regelrechte „Wunder-Tablette" für die Pflanzenanzucht. Es werden bereits Millionen von Jiffy-7-Tabletten für die kulturelle Pflanzenproduktion verwendet – und dies mit Riesenerfolg. Es ist deshalb besonders begrüßenswert, daß nun auch der Laie diese Tablette in die Hände bekommt.

Jiffy-7 sind Schnellwuchs-Tabletten aus der fruchtbarsten Erde der Welt. Die im Durchmesser knapp 5 cm große Tablette besteht aus einem Kultursubstrat aus Torf, nach modernsten Erkenntnissen mit wohlausgewogenen Düngergaben versehen und mit einem Kunststoffnetz umhüllt. Die Tabletten können Sie in gepreßtem Zustand kaufen; sie sind dann lediglich 8 mm dick. Doch schon nach 2 Minuten können Sie diese Tablette in einen pflanzfertigen Minitopf verwandeln. Das ist eine ganz tolle Sache. Die Tabletten werden lediglich in eine Schale gelegt, mehrmals mit Wasser überbraust – oder einfach während 2 Minuten in ein Wasserbad getaucht. Eine Tablette nimmt ungefähr 1 Deziliter Wasser auf und entwickelt sich augenblicklich zu einem kunststoffumhüllten „Topf" von ca. 5 cm Höhe. Dieses Minitöpfchen ist alsdann bereit, Stecklinge oder Sämereien aufzunehmen. Anschließend wird normal gegossen und gedüngt.

Ich habe Ihnen bereits von den Torfmulltöpfen erzählt, die später mitsamt der Jungpflanze direkt ins Freie ausgepflanzt oder in Tontöpfe gesteckt werden. Genauso verhält es sich mit Jiffy-7. Sie können das Töpfchen ebenfalls in die Erde versenken, sobald der Zeitpunkt für die Freilandpflanzung gekommen ist. Das Torfmullsubstrat von Jiffy-7 wird sich ebenfalls in der Erde zersetzen und das Umpflanzen ist damit völlig problemlos geworden.

Warum ist gelegentliches Düngen notwendig

Wer Blumen liebt, gönnt ihnen die besten Bedingungen. Man möchte sich nach Möglichkeit mit einem Blütenmeer umgeben. Um dies zu erreichen, füttert man die Pflanzen mit Dünger. Dabei darf man aber keineswegs vergessen, daß ein Zuviel an Dünger für die Pflanzen sehr schädlich sein kann. Dann besteht nämlich die Möglichkeit, daß die Wurzeln verbrannt werden oder die Krankheitsanfälligkeit buchstäblich heraufbeschworen wird. Manche Blütenpflanzen reagieren sehr schlecht auf Dünger; sie entwickeln dann riesengroße Blätter, unter denen die Blumen kaum mehr zu sehen sind. Jedenfalls sollte mäßig und individuell gedüngt werden. Ich meine, daß man beim Einkaufen von Dünger zuerst die Angaben über die Mischverhältnisse auf der Packung lesen sollte; das sind bereits wichtige Anhaltspunkte, von denen auch die Wahl des Düngers abhängt.

Die fünf wichtigsten Pflanzennährstoffe sollte sich jedermann einprägen, der sich in besagtem Blütenmeer baden möchte:

Organische Stoffe versorgen den Boden mit Humus und erhalten ihn dadurch gesund und leistungsfähig.

Stickstoff (N) sorgt in der Hauptsache für den Zuwachs von Trieben und Blättern.

Phosphat (P_2O_5) ist unersetzlich für die Blüten- und Fruchtbildung sowie für eine gesunde Wurzelbildung.

Kali (K_2O) macht das Pflanzengewebe widerstandsfähig und beeinflußt zudem noch die Zuckerbildung (bei Früchten besonders wichtig).

Kalk (CaO) ist für die Gesundheit der Pflanzen und des Bodens unentbehrlich.

Düngen Sie nie in trockenen Boden; geben Sie Ihren Pflanzen vielmehr am Vortag eine doppelte Portion Gießwasser und rüh- !

ren Sie Flüssigdünger unter Einhaltung der angegebenen Dosierungsvorschrift ein paarmal um. Körnigen Dünger sollten Sie leicht einhacken.

Achten Sie zusätzlich noch darauf, daß Blüten und Blätter vor Düngerspritzern verschont bleiben; Dünger hinterläßt in den meisten Fällen häßliche Verbrennungsflecken.

Sammeln Sie zusätzlich noch Bananenschalen: Bananenschalen sind eine ausgezeichnete Wachstumshilfe für Rosen. Selbst kümmerlich dahinvegetierende Rosenstöcke erholen sich schnell, wenn ihnen ab und zu eine Bananenschale untergegraben wird. Und was den Blütenflor anbetrifft: Sie werden aus dem Staunen nicht herauskommen!

April

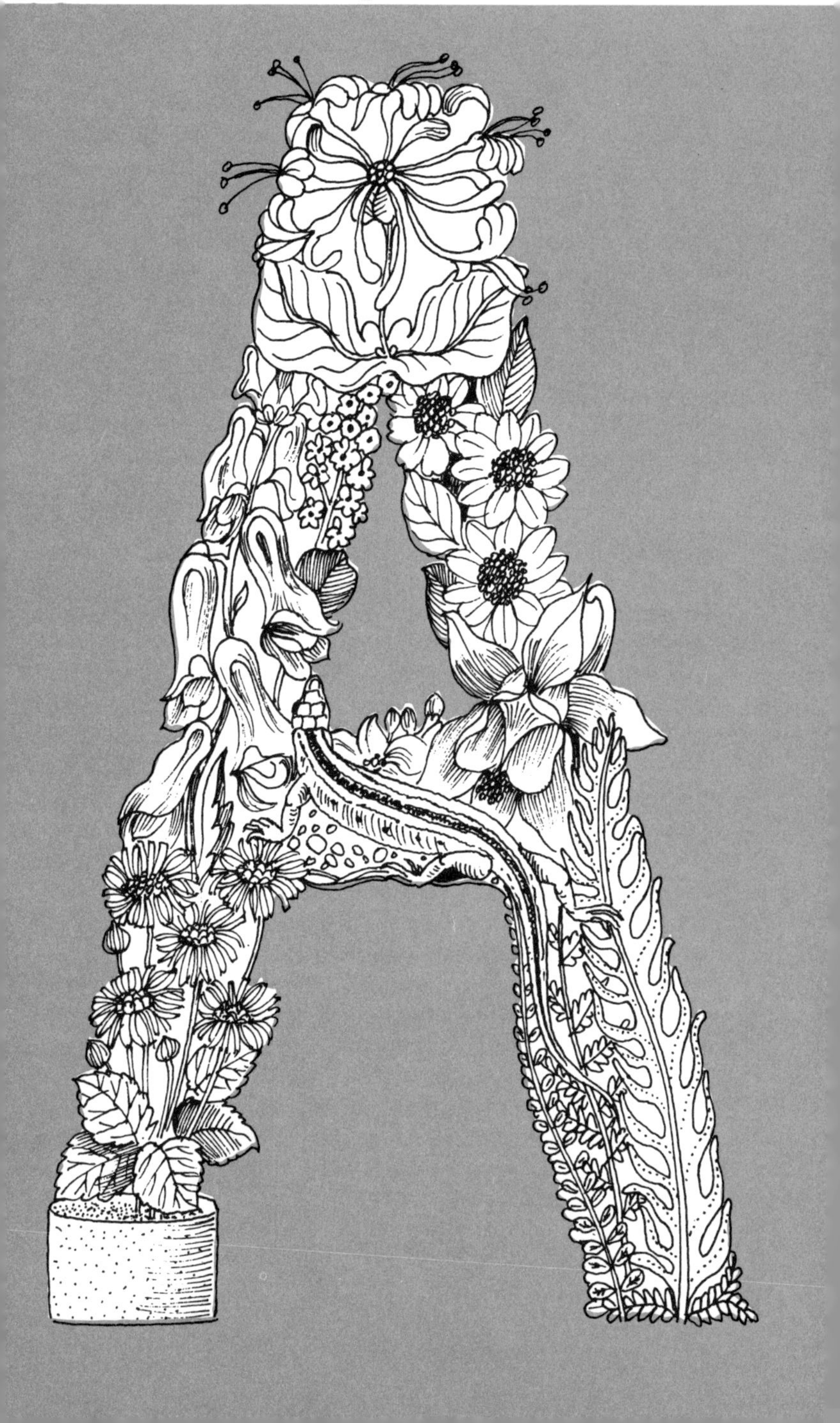

Schon immer hätte ich gerne ein größeres, ja eigentlich sogar ein sehr großes Pflanzgefäß vor meiner Haustüre gesehen. Es sollte rund, nicht allzu teuer und aus einem „modernen" Material sein. Dies alles auf einen Nenner zu bringen – schien unmöglich. Und so blieb dies lange nur ein Wunschtraum . . . bis ich plötzlich auf eine Idee kam.

Ich kaufte mir kurzerhand eine Betonröhre. Sie hat einen Durchmesser von 70 cm, eine Höhe von 50 cm und ist – wie alle Röhren – vollkommen hohl, also bodenlos, wenn sie aufgestellt ist. Den Transport besorgte selbstverständlich jene Firma, die solche Röhren fabriziert und wo ich sie gekauft hatte. Immerhin beträgt das Gewicht meiner Betonröhre 210 Kilogramm – und einen Lastwagen besitze ich nicht. Der Camion einer solchen Firma ist denn auch mit einer automatischen Hebevorrichtung ausgerüstet; es wäre ja nicht auszudenken, welcher Hüne solche Objekte stemmen sollte. Nachdem die Betonröhre mittels besagtem Hebearm vor meinem Haus aufgestellt war, stand mir die größte Aufgabe erst noch bevor: Die Betonröhre, alias das Pflanzgefäß aus „modernem" Material, mußte jetzt mit Erde und Kieselsteinen gefüllt werden – und das bedeutete eine ordentliche Schlepperei.

Ich belegte das Innere der Röhre zuerst einmal mit einem ungefähr 20 cm hohen Kiesbett. Die Kieselsteine kamen direkt auf den sich unter der Röhre befindlichen, geteerten Vorplatz zu liegen, und dann wurde das neue Gefäß mit einem Erde-Sand-Torfmull-Gemisch bis zum Rande aufgefüllt. Und erst jetzt kam für mich das spannendste Unterfangen an die Reihe, nämlich das Bepflanzen.

Bei einer Gefäßtiefe von 50 cm darf man schon einen recht hoch wachsenden Strauch auswählen, und ich entschloß mich für eine *Blutpflaume (Prunus cerasifera „nigra").* Sie hat eine intensiv dunkelpurpurrote Belaubung, die den Sommer hindurch ihre Farbe beibehält und einen sehr guten Kontrast zur hellen Hauswand bildet. Die Blüten der Blutpflaume sind weißrosa, und es entwickeln sich sogar kleine, rote, genießbare Früchte an diesem hübschen, straff aufrechtwachsenden Strauch, der in einem Garten ohne weiteres eine Höhe von 5 bis 8 Metern erreichen kann. In diesem Betongefäß wird er – entsprechend der geringeren Ausdehnungsmöglichkeit seiner Wurzeln – wohl kaum höher als etwa 2,5 Meter. Als Bodenbedeckung habe ich im Hintergrund – gegen die Hauswand hin – einige graubelaubte und dunkelblau blühende *Lavendelstöcke* (Lavandula „Hidcote Blue") eingepflanzt, und, etwas weiter nach vorne gerückt, sitzen noch graublaue Grasbüschel des dichten *Schwingels (Festuca glauca).* Diese Grau-Blau-Töne sehen im Sommer in Verbindung mit der roten Belaubung der Blutpflaume sehr attraktiv aus, und im Winter wirkt das Pflanzgefäß absolut nicht ungepflegt oder gar ausgestorben, denn zwischen dem grauen Lavendel und dem blaugrauen Schwingel wachsen die buschigen und üppig blühenden Stauden von „Erica carnea Winter Beauty", einer gut winterharten *Schneeheide,* deren dunkelrosa-farbene Blütchen ab Anfang Januar über den Rand der Röhre äugen. Gelbe und dunkelviolette Krokusse, sowie viele fette, golden schimmernde Osterglocken haben zwischen all den anderen Pflanzen noch stets Platz gefunden. Wo immer noch kleine Lücken zu entdecken sind, werden sie jeweils mit rosaroten Bellis und dunkelroten Primeln gefüllt.

Über den vorderen Röhrenrand hängen die dunkelviolett-blü-

Duftender Lavendel – Lavendula

Sommerblumen

henden Polster der Aubrietia „Dr. Mules" und dazwischen baumeln verspielt die feinen Zweige eines im Hochsommer blühenden *Indigo*-Sträuchleins *(Indigofera gerardiana).* Es ist beinahe nicht zu glauben, doch auch noch ein kriechender, im Mai und Juni gelbblühender *Ginster* (Cytisus „decumbens") fühlt sich ebenfalls sehr wohl in dieser Gesellschaft, die ich nicht mehr missen könnte.

Bereits nimmt ein anderer, ebenfalls lange gehegter Wunschtraum irgendwie Gestalt an: Sollte ich nicht mit einer weiteren Betonröhre, die ich dann vollkommen mit Torfmull füllen würde, auf der anderen Seite des Hauses ein „Moorbeet" anlegen?

Ach ja, im April herrscht Hochkonjunktur im Garten. Am liebsten hätte man jetzt vier Hände und zwei Rücken – und auch doppelt so viele Sonnenstunden.

Es ist immer noch nicht zu spät, Ziergehölze mit gutem Erdballen neu zu pflanzen. Am besten stellt man sie vor dem Einpflanzen in einen Kübel mit lauwarmem Wasser und läßt sie während ein bis zwei Stunden herzhaft trinken. Dann wird das

vorbereitete Pflanzloch gut mit angefeuchtetem Torfmull ausgepolstert, das Gehölz eingepflanzt und nochmals mit viel Wasser eingeschwemmt. Das ist eine bewährte Starthilfe in einer bereits wärmeren Jahreszeit. Mit Pflanzen aus „Containern" verfährt man übrigens genau gleich.

Vielleicht haben Sie den lobenswerten Vorsatz gefaßt, in diesem Jahr pausenlos von blühenden Blumen umgeben zu sein, und zwar von solche, die Sie gar noch selber heranziehen möchten. Jetzt wäre der Augenblick gekommen, wo jene Einjahresblumen von höchster Aktualität sind, die an Ort und Stelle ausgesät werden können. Dazu gehören die orchideenhaften *Brokatblumen (Salpiglossia)*, die zartblaue *„Jungfer im Grünen" (Nigella)*, der zauberhafte und in allen Pastelltönen blühende *Kalifornische Goldmohn (Eschscholtzia)*, die bewährten *Balsaminen* und *Reseden*, knallige, orangefarbene *Ringelblumen (Calendula)* oder das im Sommer so rare Blau der *Kornblumen (Centaurea)* und des *Leins (Linum)*. Dazwischen lassen wir ganze Teppiche von weißem oder rosafarbenem *Steinkraut (Alyssum)* wachsen; als duftige Zwischentuffs könnte ich mir noch weißes oder rosarotes *Schleierkraut (Gypsophila)* vorstellen, mit welchem jeder Sommerstrauß doppelte Ausstrahlungskraft besitzt.

Kennen Sie die orangen *Afrikanischen Goldblumen (Dimorphoteca aurantiaca)* schon? Sie stehen viele Sommerwochen ununterbrochen in Blüte. Da sie lediglich etwa 20 bis 30 cm hoch werden, sehen sie in Gesellschaft des ganz niedrigen *„Husarenknopfes" (Sanvitalia procumbens)*, welcher einer Mini-Mini-Sonnenblume ähnelt, besonders adrett aus. Die beiden letztge-

Die Knollen der Freesien müssen vor den ersten Herbstfrösten ausgegraben und ins Haus geholt werden

nannten Sommerblumen eignen sich übrigens fabelhaft für eine Balkonbepflanzung in Kistchen oder Schalen. Wer den „Husarenknopf" direkt ins Freie aussät, sollte sich unbedingt merken, daß dieses zarte Pflänzchen offenbar zu den Lieblingsspeisen der nimmersatten Schnecken gehört. Also Schneckenkörner keinesfalls vergessen.

Es ist jetzt auch noch nicht zu spät, die unentwegt blühende *Kapuzinerkresse* auszusäen. Ich habe Ihnen in einem anderen Kapitel bereits verraten, daß die Kapuziner zum Sammelplatz der Blattläuse werden können. Das soll aber kein Grund dafür sein, auf diese fröhlichen Blumen zu verzichten. Die Blattläuse sitzen ohnehin am liebsten an den Blüten- und nicht an den Blattstielen, und das ist eine günstige Gelegenheit, diesem aufdringlichen Gesindel zu Leibe zu rücken, indem man sich regelmäßig Blumensträußlein schneidet. Sie wissen ja: es gibt einfache, gefüllte, niedrige und rankende Sorten – und sie liefern nun tatsächlich vom Frühsommer bis zu den ersten Herbstfrösten solchen Vasenschmuck. Ein Grund mehr, die Kapuzinerkresse nicht zu vergessen . . .

Ebenfalls nicht vergessen sollten wir die *Freesien.* Ob Sie nun einen Garten besitzen oder sich mit Balkongefäßen begnügen: Freesien sind die kleine Mühe wert, von Ihnen jetzt, im April, neu gepflanzt zu werden.

Möglicherweise haben Sie auch schon diese lieblichen Schwertliliengewächse in Ihrem Garten gehabt und sind nun enttäuscht, daß sich diese hübschen Blümchen nach einem einzigen Gastspiel nicht mehr blicken ließen. Dann haben Sie offenbar nicht gewußt, daß Freesien auf Bodenfröste unerbittlich reagieren: sie erscheinen nicht mehr, weil sie erfroren sind.

Vor Eintritt der starken Bodenfröste, also spätestens Ende Oktober, werden die Freesienknollen aus dem Boden genommen und kühl, frostfrei – und vor allem trocken überwintert. Doch aufgepaßt: bereits 10 bis 12 Wochen vor der erneuten Pflanzung, welche in die Zeit zwischen Mitte März und Mitte Mai fällt, sollten die kleinen Knöllchen wieder warm und luftig gelagert werden. Eine konstante Temperatur von ungefähr 20° C sagt ihnen dann am besten zu.

Wie gesagt: Jetzt ist die beste Pflanzzeit für Freesien gekommen. Sie lieben einen lockeren, durchlässigen und nährstoffreichen Boden. Eine organische Grunddüngung, am besten durch Einarbeiten von gut verrottetem Mist oder 50 bis 100 Gramm Volldünger je Quadratmeter, wäre sehr zu empfehlen.

Auch den „Balkongärtnern" steht nichts im Wege, Freesien auf die Terrasse zu holen. Die Pflege dieser Blumen, ob sie nun im Garten oder in einem hübschen Pflanzgefäß aus Asbestzement stehen, ist eigentlich recht einfach. Die Erde sollte stets feucht gehalten werden, vor allem in den ersten beiden Wochen nach der neuen Pflanzung. Dann wird es ohnehin nicht mehr lange dauern, bis Sie sich über ein kräftiges Wachstum und ein eifriges Blühen freuen können, welches vom Juli bis in den September hinein ununterbrochen fortdauert.

Freesien sind für mich jedenfalls nicht nur wunderhübsche Gartenblumen, deren Duft bezaubert, sondern ich hole sie auch immer wieder gerne ins Zimmer, wo sie recht lange in der Vase halten, vor allem dann, wenn sie in knospigem Zustand geschnitten wurden.

Ich wage zu behaupten, daß die wenigsten Gartenfreunde jemals von Unsicherheit und Schwierigkeiten geplagt wurden, wenn es sich um die Bepflanzung sonniger Gartenpartien handelt.

Aber es gibt meistens auch eine Nord- oder Ostseite des Hauses . . . und bei diesen Teilen des Gartens tauchen dann plötzlich die ersten Bedenken, wenn nicht bereits größte Resignation auf.

Vielleicht ist man einstmals dazu übergegangen, den von Moos befallenen Rasen umzustechen und an seiner Stelle Rabatten anzulegen, die eines schönen Tages doch recht lieblos behandelt werden, weil sich kein Mensch im „unfreundlichen" Schattenteil des Gartens aufhalten will. Wenn mittags die Sonne heiß brennend im Zenit steht, begeben sich manche Leute lieber ins Innere des Hauses, anstatt sich im „unschönen" Schattengarten auszuruhen und zu erholen.

Muß das so sein? Soll man die Schattenseite des Gartens nur deshalb meiden, weil kahle und spärlich bepflanzte Beete düster und vielleicht sogar abstoßend wirken? Und ich wage zu behaupten, daß es ohne weiteres möglich ist, die Schattenpartien ebenso anziehend und einladend zu gestalten, wie uns dies mit dem in der Sonne liegenden Gartenteil doch immer so gut gelingt.

Beginnen wir mit der „Kulisse", dem Hintergrund also. Darunter verstehe ich Gehölzgruppen, die sich im vorliegenden Fall auch im Schatten sehr wohl fühlen – und sich erst noch mit hübschen Blüten schmücken.

Die meisten *Schneeball*-Arten eignen sich gut für schattige Plätze; der wertvollen, immergrünen Sorte „Viburnum rhytidophyllum" mit cremeweißen, breiten Blütenschirmen und großen, runzligen, dunkelgrünen Blättern sind Sie bestimmt schon oft begegnet. Dieser Strauch schmückt sich im Herbst mit vielen roten Beeren, und diese üben im Winter eine besondere Anziehungskraft auf unsere gefiederten Freunde aus. „Viburnum opulos" hat ebenfalls weiße, tellerartige Blütenstände und im Herbst korallenrote Beeren, wohingegen „Viburnum lantana" einen schwarzroten Beerenschmuck trägt.

Der *Spindelbaum (Euonymus),* im Volksmund auch „Pfaffenhütchen" genannt, hat dankbare, „blattabwerfende" und „immergrüne" Familienmitglieder, welche sich allesamt durch eine wundervolle Herbstfärbung auszeichnen. Die Blüten sind eher unscheinbar, doch um so reizvoller ist der orangefarbene oder sogar leuchtend rote Fruchtbehang.

Von auserlesener Schönheit ist der Beerenschmuck der *Hekkenkirsche* (Lonicera), wovon speziell die Sorten „morrowii", „pileta", „nitida Elegant" und „xylosteum" für schattige Standorte gut geeignet sind.

Die *Schleimbeere* (Sarcococca) ist ein kleines, immergrünes Sträuchlein, das vom November bis im Februar übervoll von tiefroten Beeren ist. Die Schleimbeere eignet sich vor allem auch sehr gut zur sogenannten „Unterpflanzung" bei größeren Gehölzgruppen, nicht zuletzt auch für Balkongefäße.

Der *Hartriegel (Cornus)* ist ein beachtenswerter Herbstfärber. Wunderschön sind jene Sorten, die im Winter – im kahlen Zustande – durch ihre bunte Holzfärbung dem Garten, wie auch der Terrasse, effektvolle Kontraste vermitteln.

Auch der *Ranunkelstrauch (Kerria japonica)* wirkt im Winter in kahlem Zustande durch sein grünes Holz sehr frisch und dekorativ. Die gelbblühenden Sorten schmücken sich während des ganzen Sommers mit unzählig vielen, lieblichen Blüten – und daß es eine orangefarbene Sorte mit dem hübschen Namen „Tangérine" gibt, wissen noch lange nicht alle Gartenfreunde.

Wo sind die glücklichen Besitzer einer Pergola oder eines schattigen Balkons, wo es sich gemütlich sitzen ließe, wenn auch nur die Anziehungs- und Ausstrahlungskraft durch etwas „Grünes" oder „Blühendes" gewährleistet würde? Da kommt mir auch schon der *Strahlengriffel* (Actinidia arguta) in den Sinn, welcher im Halbschatten noch sehr gut gedeiht und es versteht, ganze Veranden samt Säulen im Nu zu verkleiden und einzuhüllen, denn er ist ein fleißiger „Schlinger". Seine gelbgrünen, stachelbeerartigen Früchte sind übrigens eßbar und schmecken köstlich.

Zur Bekleidung solch gemütlicher Schattenecken eignen sich natürlich noch weitere *Schlingpflanzen,* wie zum Beispiel die *Pfeifenwinde,* auch „Osterluzei" genannt, die dort zu empfehlen ist, wo auf eine sehr rasche Bekleidung und Umhüllung Wert gelegt wird. Diese Pflanze erreicht nämlich in kürzester Zeit eine Höhe von 8 bis 10 Metern und ist auch dort von großem Nutzen und Zierwert, wo „sonnige" Sitzplätze „beschattet" werden sollen. Ja, die „Osterluzei" ist sehr anpassungsfähig; sie gedeiht in Sonne und Halbschatten.

Eher wieder Halbschatten bevorzugt die *Kletterhortensie (Hydrangea petiolaris).* Sie blüht in lockeren, weißen Doldenrispen und klammert sich mühelos an Mauern und Säulen fest; ihre Haftwurzeln an den Trieben helfen ihr dabei.

Kennen Sie den süß-herben Duft des *Geißblatts?* Oder ist Ihnen der volkstümliche Name „Jelängerjelieber" geläufiger? Nun, je länger, je lieber wächst diese schöne, weißblühende Schlingpflanze tatsächlich – und wie rasch sie wächst! Vor allem die Sorte *„Lonicera caprifolium"* gereicht ihrem lustigen Namen zur vollen Ehre. Und was mich bei dieser Pflanze am meisten fasziniert, sind die orangeroten Beeren, die im Herbst schon von weitem zu sehen sind.

Was steht auf dem Kalenderblatt? Anfang oder Mitte April? Höchste Zeit also, den „Schatten"-Garten in Angriff zu nehmen. Sie werden es bestimmt nicht bereuen, denn nun pflanzen wir ja noch „schattenliebende" Blütenstauden – und dann besteht kein Zweifel mehr, daß Sie im Sommer mit großem Vergnügen im Schatten sitzen werden, derweil andere vielleicht über unerträgliche Hitze stöhnen, weil Sie sich an kein einladendes Schattenplätzchen verziehen können ...

Das duftende Geißblatt – Lonicera – (links) und die Funkie – Hosta – gedeihen gut auch im Schatten und Halbschatten

Ist die Bodenbeschaffenheit Ihrer im Schatten gelegenen Beete eher feucht? Dann wäre die – besonders als „Blattpflanze" geschätzte – *Funkie (Hosta)* genau das Richtige. Die Sorte „fortunei" blüht weiß und zeichnet sich durch sehr robusten Wuchs aus. Es gibt jedoch auch lilablühende Sorten, wie „albo marginata" oder „undulata Univittata", die mich mit ihren weißgerandeten oder panaschierten Blättern immer wieder bezaubern. Im Frühsommer erscheinen die rosafarbenen Blüten des *Schaublattes (Rodgersia),* dessen kastanienblattähnliche, große Blätter äußerst dekorativ sind und größere Flächen abzudecken vermögen.

Vergessen Sie auch nicht die prächtigen *Farne;* sie alle lieben feuchten Boden, und es fällt mir recht schwer, mich zu entscheiden, welche Farne für mich „die Schönsten im Lande" sind. Frauenhaarfarn, Königs-, Rippen-, Sinn-, Strauß- oder Wurmfarn? Ach, ich weiß es wirklich nicht. Für mich sind einfach alle „die Schönsten". Hätte ich einen feuchten Schattenplatz zu bepflanzen, so würde ich mich vielleicht für den „Wurmfarn" entscheiden, weil zu seinen filigranartigen, hellgrünen Blättern die satten Farben der herrlich bunten – und üppig blühenden – *Knollenbegonien und „Fleißigen Liesel" (Impatiens)* so gut passen. Auch *Fuchsien* wären hier nicht fehl am Platz, denn Sie wissen ja: je nasser der Sommer ist, desto schöner blühen all die aufgezählten Blumen. Ein feuchter Schattenplatz ist für sie der „Inbegriff von Behaglichkeit".

Kaiserkrone – Fritillaria imperialis

Im April blühen im feuchten Halbschatten bereits die dankbaren rosaroten *Bergenien,* deren feste, beinahe ledrige Blätter manch kahle Stelle großmütig überdecken. Auch Osterglocken und Primeln leisten hier gerne Gesellschaft; von den stolzen, orangeroten *Kaiserkronen* ganz zu schweigen.

Lassen Sie im Hochsommer an solchen Stellen auch noch königliche *Silberkerzen (Cimicifuga)* und viele Vertreter der *Prachtspiere (Astilbe),* deren Farbenspiel Weiß, Rosa, Leuchtendrot bis Hellviolett umfaßt, um die Wette blühen. Dann wirkt Ihr feuchter

Auch die Farne gedeihen prächtig an feuchten Schattenplätzen

Schattenplatz während vieler Wochen anziehend und keinesfalls mehr düster.

Etwas unscheinbar sind die gelben Blüten des *Lerchensporns (Corydalis lutea)* und der *Elfenblume* (Epimedium „versicolor Sulphureum"), wobei die letztere sogar noch eine rotweißblühende Schwester („rubrum") hat.

Wenn Sie Ihre Schattenplätze zur Hauptsache mit Gehölzen ausgefüllt haben, dann ärgern Sie sich vielleicht lediglich über die fehlende Unterpflanzung. Es gibt viele geeignete bodenbedeckende und erst noch jährlich wiederkehrende Pflanzen, die sich für solche Zwecke hervorragend eignen. Dabei denke ich vor allem an den gelbblühenden *Weiderich (Lysimachia numullaria),* welcher sehr rasch große Flächen bedeckt, aber auch an die immergrüne Staude *„Pachysandra terminalis",* die uns bereits im April und Mai mit vielen karminroten Blütchen überrascht.

Wo größere Lücken zwischen den einzelnen Gehölzen bestehen – oder es lediglich gilt, verwaiste Schattenbeete mit schönen Blütenstauden zu bepflanzen, da kann man geradezu in einer verlockenden Auswahl schwelgen. Alle nachfolgend aufgezählten Pflanzen zeichnen sich durch kompakten Wuchs und relativ geringe Höhe aus:

Weiderich (Lythrum salicaria Robert) mit eleganten roten Blütenrispen; das reizende *Purpurglöckchen (Heuchera)* mit feinen, rosa, leuchtendroten oder scharlachroten Blütenständen; die knallgelbe *Nachtkerze (Oenothera);* die blaue *Ballonblume (Platycodon grandiflorum Mariesii);* die viel zu wenig bekannte *Dreimasterblume (Tradescantia),* welche uns mit herrlichen, weißen, blauen und weinroten Sorten zum Kaufen verlockt; der kräftig wachsende, rosaweiße *Frauenschuh (Cypripedium reginae)* und die margeritenähnliche *Gemswurz (Doronicum),* deren gelbe Strahlenblüten zu den ersten Frühlingsblumen gehören und die auch als Schnittblume im Garten eine verführerische Rolle spielt.

Viel Schatten, jedoch wenig Feuchtigkeit vertragen: das gelbe *Adonisröschen* (Adonis vernalis), die mit reich bestückter Farbskala aufwartenden *Akeleien (Aquilegia),* der hohe, weiße *Geißbart (Aruncus silvester),* die rosa-geaderte *Sterndolde (Astrantia major),* das dankbare *Frühlings-Vergißmeinnicht (Omphalodes cappadocica),* das etwas altmodische, dafür um so liebenswertere *Frauenherz (Dicentra spectabilis),* der *Fingerhut (Digitalis)*

Akelei – Aquilegia

mit seinen dekorativen, immergrünen Blattrosetten, die auch im Winter stets sauber und frisch aussehen. Ich denke aber auch an die zierlichen Polster des *Leberbalsams (Erinus),* des weißen *Steinbrechs (Saxifraga umbrosa)* oder der weißen *Gemskresse (Hutchinsia).* Dazwischen dürfen sich ohne weiteres recht hohe Blütenstauden im leisen Frühlings- und Sommerwind wiegen, wie zum Beispiel der dunkelblaue *Eisenhut (Aconitum arendsii),* die blauviolette *Glockenblume (Campanula latifolia var. macran-*

Gemswurz – Doronicum – gehört zu den ersten Schnittblumen im Frühling

Viel zu selten trifft man im Sommer blaue Blumen; hier sind zwei dieser „Seltenen": Eisenhut – Aconitum arendsii – (links) und Bartblume – Caryopteris

tha), welche großblumige Glockenblüten an straffen Stielen aufzuweisen hat, die sich auch in der Vase grandios ausnehmen. Nicht vergessen darf ich das himmelblaue *Sperrkraut (Polemonium coeruleum),* dessen lockere Blütenbüschel auf langen Stielen über sehr zierlichem Laub sitzen; es sollte viel mehr ins Blickfeld des Interesses gerückt werden, denn geschnittenes Sperrkraut sieht auch in der Vase schön aus.

Überhaupt kann man nicht genug darauf achten, im Garten und in Pflanzgefäßen vermehrt auch den blauen Blumen größte Aufmerksamkeit zu schenken. Blau wird in den Sommermonaten immer seltener, doch wird ein sommerlicher Blumenstrauß erst dann zu einer Farbensymphonie ohnegleichen, wenn darin auch das kostbare Blau enthalten ist. Eine „eiserne Reserve" in Blau stellt für mich die *Bartblume (Caryopteris clandonensis)* dar. Es handelt sich um ein Ziergehölz, das kaum mehr als 1 Meter hoch wird und deshalb auch in einem Pflanzgefäß, das ungefähr 30 cm tief und etwa 50 cm breit sein sollte, untergebracht werden kann.

Sie kennen die Bartblume noch gar nicht? Dann haben Sie bis jetzt etwas verpaßt. Es sind zwergige bis mittelhohe Sträuchlein mit graugrüner Belaubung, die wundervoll aromatisch duftet. Die Blüten sind von einem leuchtenden Blau und werden von

Bienen, Hummeln und Schmetterlingen eifrig besucht. Das Laub der Bartblumen erscheint relativ spät; erst etwa im Mai. Auch die Blüten lassen auf sich warten; sie öffnen sich ungefähr im Juli, bleiben uns dann aber bis zu den ersten Frösten treu. Und das ist eine lange Zeit, nicht wahr?

Die Bartblume verträgt ohne weiteres einen halbschattigen Platz. Noch lieber steht sie in der Sonne. Stellen Sie sich zum Beispiel rotblühende Pelargonien, weiße oder rosafarbene Petunien – und dazu eine blaue Bartblume vor. Wäre das nicht just eine Balkonbepflanzung, wie Sie sie schon lange gesucht haben? Dann aber: schnell an die Arbeit.

Nun muß ich Ihnen aber noch von einer Bekanntschaft erzählen, und zwar von einer Bekanntschaft, die man nicht so leicht vergißt.

Es war im April. Ich blieb wie angewurzelt vor einem Blumengeschäft stehen – und erblickte sie! Eine überwältigende Schönheit, so schön, daß mir der Atem stockte.

Ich war ihr nie zuvor begegnet, wollte sie aber keinesfalls aus den Augen verlieren, ohne ihre Bekanntschaft gemacht zu haben. Was also blieb mir anderes übrig, als das Blumengeschäft zu betreten? Wir standen uns längere Zeit stumm gegenüber; die Verkäuferin ließ sich Zeit – und ich nützte diese Augenblicke, meine „Liebe auf den ersten Blick" eingehend zu mustern. Je länger ich sie betrachtete, desto besser gefiel sie mir. Ich mußte sie besitzen, koste sie auch ein halbes Vermögen.

Medinilla magnifica, eine exotische Schönheit für Zimmergärtner

Endlich war es so weit. Die Verkäuferin erschien und stellte mir diese Wundersame vor. *„Medinilla"* hieß sie, noch genauer „Medinilla magnifica" – und dieser Name paßte wundervoll zu ihr. Tönt er nicht melodisch, außergewöhnlich, exotisch-fremd?

Nun, die Medinilla ist eine Exotin. Ihre Heimat sind die Philippinen, und ihre Familienangehörigen erreichten unseren Kontinent zum erstenmal Mitte des letzten Jahrhunderts. Damals wurden diese wundervollen Pflanzen von einem Glied der englischen Gärtnerfamilie Veitch aus Manila in Europa eingeführt. Ihren Namen aber trägt die Medinilla nach Don José de Medinilla y Pineda, der um 1820 Gouverneur der damals spanischen Marianeninseln war.

Die Medinilla ist ein „Schwarzmundgewächs" und gehört zu den „Myrtenpflanzen". Vermutlich ist die Bezeichnung „Schwarzmundgewächs" von der Tatsache abzuleiten, daß die Beerenfrüchte vieler verwandter Arten unseren Heidelbeeren ähneln, bei deren Genuß Mund und Zunge schwarz gefärbt werden.

Sonst aber hat die Medinilla mit unseren Heidelbeeren recht wenig zu tun. Es handelt sich vielmehr um einen immergrünen Strauch, der unter besonders günstigen Bedingungen eine Höhe von ungefähr 2 Metern erreichen kann. Die länglich zugespitzten, stark gerippten und am Rand leicht gewellten, ledrigen Blätter können eine Länge von etwa 30 cm erreichen und stempeln diese Zimmerpflanze zu einem Ziergewächs allerersten Ranges, vorausgesetzt, man achtet hauptsächlich auf diese imposanten Blätter.

Was mir jedoch beinahe den Atem verschlug, waren vor allem die wundervollen Blüten der Medinilla. Ein einzelner Blütenstand kann ohne weiteres ebenfalls 30 cm lang werden. Es sieht unbestritten phantastisch aus, wenn die – bei uns nur etwa meterhoch wachsende – Pflanze solche hängenden Rispen mit den großen, blaßrosafarbenen Deckblättern und den intensiv rosaroten Blüten entfaltet, von denen sich – gut sichtbar – die gelben Anhängsel der Staubblätter abheben.

Ganz abgesehen von der Pracht einer einzelnen Blüte, gilt es zu betonen, daß eine Medinilla meistens mehrere Blüten pro Saison treibt, die sich oft vom April bis in den Spätsommer halten.

Diese einmalig schöne Blüte und die lange Blühdauer erfor-

dern allerdings eine sehr aufmerksame, liebevolle Pflege. Während der Blütezeit hat die Medinilla einen sehr hohen Wasserbedarf; verwenden Sie am besten kalkfreies, abgekochtes Wasser – noch besser Regenwasser. Vermeiden Sie Zugluft und beschatten Sie das Gewächs bei starker Sonnenbestrahlung. Für viel Luftfeuchtigkeit sollten Sie ebenfalls besorgt sein; besprühen Sie diese Schöne täglich mit warmem, weichem Wasser – oder waschen Sie ihr zumindest die Blätter gelegentlich ab.

Nach der Blüte, ungefähr ab Ende August, stellen Sie das Düngen vollkommen ein und gießen nun auch seltener. Die halbjährige Ruhezeit beginnt nämlich jetzt, wobei nichts zu befürchten ist, wenn die nächtlichen Temperaturen auf 15 bis 16° C absinken sollten. Gönnen Sie Ihrer Medinilla diese Ruhepause unbedingt, denn während dieser Periode reifen die jungen Triebe aus und gleichzeitig bilden sich neue Blütenknospen heran. Und just diese Blüten waren es auch, die mich eine Bekanntschaft schließen ließen, die ich ihnen nicht vorenthalten wollte.

Mai

Der 15. Mai ist von Jahr zu Jahr in meinem Kalender mit einem dicken, knallroten Punkt versehen, der mir schon von weitem zuruft: „Endlich ist es soweit!"

Die *„Eisheiligen"* haben ihr jährliches Gastspiel absolviert und verlassen die Bühne – hoffentlich endgültig – und nun kann es ja losgehen – das Auspflanzen ins Freie und das Aufstellen der Balkonkästen und -schalen. Die vorgetriebenen Knollenbegonien und Balkondahlien sowie auch die Pelargonien und Fuchsien stecken ihre sonnenhungrigen Köpfchen bereits gierig in die Luft. Nun gilt es also, sich die Gärtnerschürze eiligst umzubinden, und es kommt bestimmt auf dasselbe heraus: ob Gartenbesitzer oder Balkongärtner – alle sind die gleich fanatischen Enthusiasten, sobald dieser dicke, knallrote Punkt „freie Bahn" verheißt. – Am 15. Mai wird endgültig der Taktstock zur „Blumensymphonie" gehoben – und die Musikanten erscheinen an allen Fenstern, auf jedem Balkon, vor Haustüren und in Gartenbeeten. Wer möchte hier nicht Dirigent sein?

Möchten Sie zur Abwechslung einmal eine Balkonbepflanzung haben, die zwar nicht außergewöhnlich und auch nicht „einmalig" in punkto Farbenpracht ist, dennoch aber eine überzeugende Wirkung besitzt? Dazu eignen sich längliche sowie auch quadratische Pflanzgefäße aus Asbestzement; die länglichen Blumenkästen zieren dann vielleicht eine Fensterbank oder eine Balkonbrüstung – und die viereckigen Behälter dürfen vor einem Hauseingang oder in einer Balkonecke stehen. Daraus strahlen uns nun in bunter Farbenpracht feurigrote Verbenen, kleinblumige rosarote Begonien, lilablaue Ageratum und niedrige, knallgelbe Studentenblumen an. Das sind alles Blumen, die zur gleichen Zeit und ungefähr in derselben Zeitspanne ununterbrochen blühen.

Die Nemesien werden auch Elfenspiegel genannt

Ich möchte aber auch einigen einjährigen Sommerblumen „ein Sträußlein winden“, die immer etwas abseits vom lärmigen Propagandageschehen stehen, es jedoch dank ihrer Schönheit unbedingt verdienten, ganz besonders hervorgehoben zu werden, schon deshalb, weil sie sich sowohl im Garten wie auch auf dem Balkon sehr wohl fühlen und eine fabelhafte Ausstrahlungskraft besitzen.

Dazu gehören unbedingt die *Nemesien.* Ich bin diesen Blumen zum erstenmal im Engadin begegnet. Dort sieht man sie beinahe so oft wie die berühmt gewordenen „Engadiner Hängenelken“. Nemesien haben im Volksmund einen Übernamen: man nennt sie „Elfenspiegel“. Ich könnte mir leicht vorstellen, daß diese Bezeichnung daher rührt, daß sich jedes der faszinierend blühenden Nemesienblütchen fragt, wer wohl das Schönste im Lande sei. Sich für „das Schönste“ zu entscheiden fällt in diesem Falle recht schwer, denn was ist schöner: Weiß oder Goldgelb – Rot, Karmin oder Phloxrosa? Und der „Elfenspiegel“ weiß selber auch keine Antwort, weil all diese leuchtenden Farben stets dicht beisammenstehen und diese Frage ohnehin wochenlang von neuem beantwortet werden müßte, denn fortwährend erscheinen neue Blüten in unverminderter Pracht. „Nemesia strumosa“ wird 20 bis 30 cm hoch, blüht vom Juni bis im September und eignet sich für Gartenbeete und Balkonkistchen gleich gut. Im Engadin sieht man die Nemesien vorwiegend in Kistchen.

Dasselbe gilt für den *Kalifornischen Goldmohn (Eschscholtzia californica)* – auch „Schlafmützchen“ genannt –, den es in bestechend schönen Farben gibt und dessen Blühdauer sich ebenfalls über viele Wochen hin erstreckt.

Fragen Sie in einer Gärtnerei unbedingt auch nach der *einjährigen Bartnelke (Dianthus barbatus);* vor allem die Sorte „Red

Monarch" hat es mir hier angetan. Diese Bartnelke bildet im Sommer wunderschöne, scharlachrote Blütenkissen, und da sie nur ungefähr 30 cm hoch wird, eignet sie sich nicht nur für Gartenbesitzer. „Einjährige" Bartnelken gibt es erst seit kurzem, und es lohnt sich, sie kennenzulernen.

Auch von den Flammenblumen gibt es eine einjährige Sorte – den *Einjahrsphlox (Phlox drummondii),* welcher in den Farben Weiß, Rot, Lachs und Blau um unsere Gunst wirbt und dank der geringen Höhe von 20 bis 40 cm wiederum für Balkongärtner in Frage kommt. Zu rotem Phlox ergäben die im Mai bereits in Blüte stehenden, gelben *Pantoffelblumen (Calceolaria integrifolie)* einen guten Kontrast. Ich habe Ihnen an anderer Stelle bereits verraten, daß die Pantoffelblumen bis Ende Sommer weiterblühen; somit fällt das Warten auf den Blühbeginn des Einjahrsphlox, der erst ungefähr anfangs Juli einsetzt, nicht allzu schwer.

In den Monat Mai fällt auch der schöne Brauch des Muttertages. Der Brauch, einer Mutter zum Muttertag Blumen zu schenken, ist überhaupt nicht mehr wegzudenken, und so ist es auch nicht verwunderlich, daß die Blumengeschäfte, die Marktstände und die Treibbeete in den Gärtnereien von bunt blühenden Pflanzen geradezu übersät sind, wenn sich das Datum diesem Festtag aller Mütter nähert.

Schnittblumen gibt es dann in einer solchen Vielfalt, daß jedes nach seinem Geschmack wählen kann. Vielleicht sind es Anemonen oder Freesien, Maiglöckchen, Flieder, eventuell sogar Lilien? Weiße Madonnenlilien passen ausgezeichnet zu samtig roten Baccararosen, und wer ein ganz außergewöhnlich schönes Gebinde zusammenstellen möchte, fügt diesen Blumen noch zwei bis drei Strelitzien bei. Wunderhübsch sieht auch ein Sträußchen mit süßen, kleinen, rosafarbenen Carolröschen aus, die biedermeierlich gebunden werden. Wer bliebe nicht entzückt vor köstlich und verlockend duftenden Veilchensträußlein stehen? Oder vor den kunterbunt gemischten, bäuerlich anmutenden Gebinden von weißen Margeriten, orangegelben Ringelblumen, tiefroten und dunkelblauen Anemonen und Ranunkeln? Man könnte schwärmerische Höhenflüge unternehmen!

Im Mai kann man auch *Türkenbundlilien* in Töpfen kaufen. Sie blühen in den verschiedensten Farben wochenlang weiter, vorausgesetzt, sie dürfen an einem kühlen Ort stehen, sei dies nun

Phlox (links) und Kalifornischer Goldmohn – Eschscholtzia – sind sonnen*hungrige Pflanzen*

im Zimmer, auf dem Balkon oder – mitsamt dem Topf eingegraben – im Garten. Lilien sollten regelmäßig, aber sehr vernünftig gegossen werden. Bei stehender Nässe verfaulen die Blumenzwiebeln – leider!

Umgekehrt hält es die *Cinerarie,* eine Topfpflanze, die im Mai ebenfalls hochaktuell ist. Cinerarien werden oft auch „Läuseblumen" genannt, und sie stehen bei vielen Blumenfreunden im Ruf,

Cinerarie (links) und Pantoffelblume – *Calceolaria*

mit Vorliebe von Läusen heimgesucht zu werden. Das ist eine üble Nachrede, die nur dann ihre Berechtigung hat, wenn die Pflanze falsch gepflegt wurde. Dafür kann aber die Pflanze nichts.

Ich würde die Cinerarie am liebsten „Blühwunder" nennen. Es ist nämlich nicht übertrieben, zu sagen, daß sie vier bis sechs Wochen unaufhörlich in herrlichstem Blütenflor steht, vorausgesetzt, daß wir diesen Pflanzen ein kühles, sonnenabgewandtes Plätzchen bereithalten. Selbst an einem nicht zu warmen Ort entwickelt die Cinerarie einen unheimlich großen Durst; die großen Blätter und die Vielzahl der Blüten benötigen enorme Wassermengen, und deshalb darf die Cinerarie auch in den Unterteller gegossen werden. Am besten gießt man sie von oben und von unten; bei warmem Wetter sogar zweimal täglich. Ihre Wurzeln sind übrigens so widerstandsfähig, daß solche „Dauerfußbäder" überhaupt keinen Schaden anrichten können. Was für manche Pflanzen den Tod bedeuten würde, liebt die Cinerarie geradezu. Und das bedeutet für uns: wir bieten diesem „Blühwunder" solche Dauerfußbäder mit dem Effekt, daß wir völlig vergeblich nach Läusen Ausschau zu halten brauchen.

Seit Ostern sind auch die *Treibhortensien* überall wieder anzutreffen. Sie kommen von Jahr zu Jahr mehr in Mode, nachdem sie vorübergehend etwas in den Hintergrund gerückt waren. Man gibt sich große Mühe, tiefblaue und beinahe dunkelrote Blüten hervorzubringen; Treibhortensien sind zu einer Pflanzenkategorie geworden, wegen der sich die Topfgärtner spannende Wettkämpfe liefern. „Neuschöpfungen" in punkto Blütengröße, Blütenfarbe und Wuchshöhe sind jährlich an der Tagesordnung. Wen wundert es noch, daß diesen grandiosen Pflanzen erneut Tür und Tor geöffnet werden?

Wochenlang schmücken sie eine Balkonecke, und wer einen Garten besitzt, kann damit einen halbschattigen Platz während vieler Sommerwochen um einen freundlichen Akzent bereichern. Hortensien sind kalkfeindliche Pflanzen, und so stehen sie am liebsten in einem Moorbeet oder wenigstens in einer Gartenerde, der viel Torfmull beigemischt wurde. Auch Regenwasser oder gestandenes Wasser ist ihnen bekömmlicher als eine noch so gut gemeinte Portion Naß aus der Gießkanne oder dem Gartenschlauch. Eine aufmerksame Behandlung danken sie uns mit einer jährlich wiederkehrenden Blütenfülle. Vielleicht sollte man

Hortensien gibt es mit weißen, roten und blauen Blüten (links); Fuchsien brauchen viel Wasser

sich noch merken, daß Hortensien zu den wenigen Ausnahmen gehören, die nach dem Verblühen nicht geschnitten, also ihre kugeligen Scheindolden bis wenigstens im Herbst behalten sollten.

Die allermeisten Sommerblumen sind ausgesprochene Sonnenkinder. Um so herrlicher empfinde ich die Tatsache, daß es auch einige Pflanzen gibt, die selbst im tiefsten Schatten phantastische Blüten hervorzubringen imstande sind.

Dazu gehören nun tatsächlich die Hortensien. Denken Sie auch an die *Fuchsien*, die andererseits keine imposante Fernwirkung besitzen; sie wollen aus der Nähe betrachtet sein. Haben Sie auch schon mit einer als „Hochstämmchen" gezüchteten Fuchsie geliebäugelt? Ich tue dies schon seit einiger Zeit und bin nun gar nicht sicher, ob ich solchen Gelüsten ein weiteres Jahr „die Stirne bieten" soll. Wußten Sie auch, daß es seit kurzem Fuchsiensorten gibt, die ohne weiteres pralle Sonne vertragen? So oder so: Vergessen Sie nie, daß Fuchsien ebenfalls sehr „durstige Seelen" haben und nebst großen Wassergaben auch regelmäßig Dünger verlangen. Bei guter Pflege blühen Fuchsien vom Mai bis zu den ersten Frösten – und das ist eine köstlich lange Zeit. Anschließend überwintern diese Pflanzen an einem kühlen Ort im Keller, wo sie hin und wieder ebenfalls nach einem tüchtigen Schluck Wasser verlangen.

Wenn ich aus dem Fenster blicke, dann kann ich mich eigentlich nicht über fehlendes, spärlich bemessenes Wasser beklagen. Es regnet und regnet, unaufhörlich – mitten im Monat Mai. Doch wird nach jedem Regen auch wieder einmal Sonnenschein fällig – man muß nur warten können ...

Regenwetter zwingt uns hartnäckig, mit manchen Gartenarbeiten zuzuwarten; es zwingt uns zu Mußestunden. Das ist eine günstige Gelegenheit, in meinen Gedanken vom Glück zu zehren, welches ich jeweils empfinde, wenn ich durch die verschiedensten Baumschulen und Gärtnereien flaniere. Dort halte ich stets nach Blütenstauden, Ziergehölzen, ja selbst nach Wasserpflanzen Ausschau, die ich nur allzu gerne besitzen würde, wegen akuten Platzmangels aber niemals nach Hause tragen darf.

Selbst bei Regenwetter stehen dort jetzt – triefend naß und dennoch bestechend schön – die mannigfaltigsten Blütensträucher und tragen ihre Pracht zur Schau. Auch berauschende Moorbeetpflanzen wetteifern dort momentan buchstäblich miteinander. Die Konkurrenz mag sich auf die Blütenfülle oder auf die Farbenpracht beziehen; es ist jedenfalls ein harter Konkurrenzkampf, der da herrscht.

Einige Rhododendron- und Azaleensorten leuchten bereits vollerblüht in Weiß, Rosa, Lachs, Orange, Kupfer und Karminrot,

Rhododendron „Indicum" (links) und Rhododendron „Catawbiense grandiflorum"

so daß man beinahe glauben könnte, ein pastellfarbener Regenbogen hätte sich über dem Boden ausgebreitet.

Später blühende Moorbeetpflanzen, wie zum Beispiel die Lorbeerrose, die Prachtglocke oder die Scheinbeere, verraten mit üppigen Blütenansätzen, zu welchen Leistungen sie sich bald einmal hinreißen lassen. Das sind Verlockungen, denen ich niemals widerstehen kann und die auf mich eine geradezu magnetische Anziehungskraft ausüben. Warum sollte ich auch widerstehen? Diese Frage taucht bei mir immer und immer wieder auf. Wie soll ich mich verhalten?

Nun, man darf sich in jeder Baumschule stundenlang aufhalten, sich Notizen machen, sich in allerlei verlieben . . . und es kostet rein nichts. Ich meine damit natürlich das Herumflanieren und Verlieben. Am Ende kostet es mich doch etwas, denn ich eile nach solch genüßlichen Spaziergängen stets nach Hause, inspiziere meinen Garten und sämtliche Pflanzgefäße gründlichst und entdecke mit Gewalt doch noch irgendwo eine Lücke, die ein neues Pflanzenkind aufnehmen könnte. Wie lange es diesmal dauern wird, bis meine neueste „Entdeckung" bei mir Einzug hält?

Unter den kürzlich inspizierten Moorbeetpflanzen der Baumschule befinden sich nämlich einige, die mich bereits vollkommen gefangen haben. Sie verfolgen mich sogar schon im Traum. Meine größte „Verfolgerin" ist die *Lorbeerrose* (Kalmia latifolia); deren Geschwister die Sortennamen „angustifolia" und „polifolia" tragen und allesamt wunderschön sind.

Die erstgenannte Art kann bis zu 3 Meter hoch werden; die dritte bleibt klein. Erfahrungsgemäß werden in unseren Breitengraden die Lorbeerrosen niemals 3 Meter hoch, und ich könnte mir vorstellen, daß die Sorte „latifolia" bestenfalls eine Höhe von ungefähr 150 cm erreichen dürfte, was mir auch vollkommen genügen würde.

Lorbeerrosen sind – wie die meisten Moorbeetpflanzen – immergrüne Sträucher, die aus den schattigen Bergwäldern des östlichen Nordamerika zu uns gekommen sind. Die Blätter dieser Pflanzen ähneln übrigens auch denen des bei uns recht gut bekannten Lorbeers. Im Mai und Juni entfalten sich an den Enden der Zweige doldenähnliche Blütenstände mit feinst rosafarbenen Blüten, die gerne aus der Nähe betrachtet sein möchten. Wie aber

Die Kalmia ist eine entzückende Moorbeetpflanze, die unbedingt mehr ins Blickfeld des Interesses gerückt werden sollte

kann ich die Kalmia aus der Nähe betrachten, wenn ich sie nicht in nächster Nähe bei mir habe? Ich sehe es schon: es wird unumgänglich sein, für diese Pflanze einen freien Platz zu schaffen. Hoffentlich hört es bald auf zu regnen ...

Immerhin weiden sich meine Blicke am Blühfeuerwerk der ersten Rosen. Und die Hauptblüte steht ja erst noch bevor. Ich glaube, daß es zu einem unvergeßlichen Rosensommer kommen wird, abgemessen an der Knospenzahl, die jetzt schon festzustellen ist. Das habe ich den *Bananenschalen* zu verdanken! Ja, wirklich, vielen einzelnen Bananenschalen.

Im Laufe eines Regensommers beklagte ich mich über schlecht blühende Rosen, derweil eine meiner Nachbarinnen in ihrem Garten unentwegt die herrlichsten Rosensträuße schneiden konnte, von denen ich zum Trost ab und zu auch einen in Empfang nehmen durfte. Bei einer solchen Gelegenheit verriet mir diese freundliche Nachbarin ihr großes Geheimnis: sie kurbelte ihre Rosenstöcke zu sagenhaftem Blüheifer an, indem sie ihnen sämtliche leergegessenen Bananenschalen mit Hilfe einer kleinen Gartenschaufel als Kompost offerierte. Sie grub einfach in der Nähe des Wurzelstockes ein kleines Loch, versenkte dort 1 bis 2 Bananenschalen – und deckte dieses geheimnisvolle „Kompöstlein" mit einer lässigen Handbewegung wieder mit Erde zu. Da die Nachbarin kleine Kinder hat, ist dort der Bananenkonsum entsprechend recht hoch. Er stieg nun auch in meiner !

Familie rapide an. Jede Bananenschale wanderte zu einem anderen Rosenstock – und siehe da, noch im gleichen Spätsommer erlebte ich eine bemerkenswerte Nachblüte. Schon im nächsten Frühling wandte ich diese Methode beinahe fanatisch an, doch immerhin, der Fanatismus lohnte sich gewaltig. Ich erlebe seither Rosenblüten, die man mit Worten kaum beschreiben kann.

Ganz abgesehen davon, machte ich noch eine andere Entdekkung: Ganz in der Nähe meines Wohnortes befindet sich eine Großgärtnerei, die von weit und breit – vor allem von Großimporteuren – überreife Bananen, manchmal ganze Bananentrauben, aufkauft und verkompostiert. Dieser Bananenkompost wird später noch mit Gartenerde vermischt und gilt dann als sehr bekömmliche, den Pflanzen besonders zusagende Gartenerde. Die „Bananengeschichte" scheint demzufolge kein „Ammenmärchen", sondern eine beherzigenswerte Idee zu sein. Es ist nicht mehr jedermanns Sache, seine Rosen mit dem bewährten, gut verrotteten Stallmist zu füttern, schon gar nicht, wenn kleinwüchsige Strauchrosen oder Zwergrosen in Pflanzgefäßen auf Balkonen wachsen. In solchen Fällen wären Bananenschalen, ja selbst überlagerte Bananenfrüchte, genau das Richtige, müde Rosen wieder munter und blühbeflissen zu machen.

Darf ich Ihnen noch etwas verraten? Ich gebe auch anderen Blütenstauden, ja sogar einzelnen Ziergehölzen „Bananenkompost" und es wird noch dazu kommen, daß ich diese Düngemethode auch an Zimmerpflanzen ausprobiere . . .

Juni

Wenn Sie nicht zu den Nützlichkeitsfanatikern gehören, die jedes Fleckchen im Garten zur Anzucht von Gemüsen, Obst oder Schnittblumen verwenden, dann haben Sie sich bestimmt auch schon Gedanken darüber gemacht, ob Sie in Ihrem Garten nicht doch noch eines schönen Tages ein Wasserbecken anlegen wollen. Solche Gedanken setzen nicht unbedingt einen riesengroßen Garten voraus. Im Gegenteil. Auch im kleinsten Gärtchen findet in irgendeiner Form noch ein Zierbecken mit Wasser Platz. Sie wählen der Einfachheit halber am besten eine Form, die als Bauelement oder als Schale vorgefertigt ist. Solche gibt es als rechteckige, fünf- oder vieleckige Modelle, mit oder ohne Seerosenbecken.

Sie können diese Wasserbecken wunderschön bepflanzen, Fische darin schwimmen lassen oder die Anlage sogar als Badebassin benützen.

Die Umtriebe, welche die Verwirklichung eines solchen Wunsches mit sich bringen, sind nicht halb so schlimm, wie Sie nun vielleicht denken mögen. Ein *Wasserbecken* aus Asbestzement können Sie zum Beispiel ohne weiteres selber „versenken", indem Sie das Gefäß auf den Boden legen und seinen Umriß ungefähr 10 bis 15 cm größer anzeichnen. Dann wird das Bassin seitlich umgelegt und der Aushub vorgenommen, dessen Tiefe ungefähr 10 cm mehr als die gesamte Bassintiefe betragen sollte. Diese zusätzlichen 10 cm werden mit Sand ausgelegt – und schon kann das Wasserbecken eben versetzt werden. Die seitlichen Hohlräume werden ebenfalls mit Sand ausgefüllt, der jedoch nicht eingestampft, sondern mit Wasser eingeschwemmt werden sollte. Es gibt Becken mit Ablaufstutzen und einem Überlaufrohr mit Gummistöpsel, aber auch solche ohne Ablauf, mit oder ohne Bodenlöcher. Hier wählt man nach den entsprechenden Bedürfnissen, denn noch bleibt abzuklären, für welche Zwecke man das Becken schließlich verwenden möchte.

Ich habe schon seit einigen Jahren eine relativ flache Asbestzementschale als Wasserbecken auf meinem Balkon aufgestellt. Die Bodenlöcher habe ich mit Schifferkitt wasserfest verschlossen, und anfänglich wucherten in diesem Miniatur-Wassergärtchen lediglich immense Zypergrasstauden, die ich – mitsamt dem Wasserbecken – im Winter ins Haus holte. Gelegentlich wurde dieses Becken mit einer blauen Kunstharzfarbe ausgestrichen, was sehr effektvoll aussieht.

Ideal ist ein Pflanzenbecken dann, wenn es während des Winters mit Wasser gefüllt bleiben kann, und dort, wo eine zuweilen recht starke Eisschicht im Winter starre Betonbecken möglicherweise zerreißt, können weder Frost noch Hitze Asbestzementprodukten etwas anhaben. Sie sind überaus unempfindlich gegen Fäulnis, Korrosion, Witterungs- und chemische Einflüsse. Ganz flache Becken kann man im Winter, sofern man überhaupt diesen Wunsch verspüren sollte, entleeren, und dann erhalten sie eine Deckschicht aus Laub und Stroh. Die Pflanzen überwintern in solchen Fällen in großen Plastikbehältern an einem kühlen Ort im Keller. Größere Becken im Garten bleiben selbstverständlich auch im Winter mit Wasser gefüllt; es ist der beste Schutz für die Wasserpflanzen, deren Anwesenheit einem Garten auch im Winter ein völlig anderes, sehr sympathisches Aussehen vermitteln.

Denken Sie daran, daß alle Wasserpflanzen, vor allem die wundervollen Seerosen, unbedingt viel Sonne brauchen. Das setzt also voraus, daß das Wasserbecken an einer sonnigen Stelle liegt.

Gepflanzt wird allerdings nicht dann, wenn die Sonne über die Mittagsstunden ihren höchsten Stand erreicht hat; Morgen- und Abendstunden eignen sich zu diesem Unternehmen weitaus besser, wobei die Monate Mai und Juni am günstigsten sind.

Wir beginnen mit dem Bepflanzen bei den tiefsten Flächen, also meistens mit den Seerosen. Sie wissen bestimmt auch, daß Seerosen nur in solchen Becken die richtigen Lebensbedingungen vorfinden, wo spezielle „Seerosentöpfe" miteingeplant sind. Diese werden mit ungefähr 10 cm Mist und zusätzlich noch mit etwa 20 bis 30 cm Erde und Sand aufgefüllt. Nicht alle Wasserpflanzen lieben ein gleich tiefes Wasser, demzufolge müssen Sie beim Bepflanzen darauf achten, daß jede Art den ihr zusagenden Wasserstand erhält. Viele Arten passen sich zwar leicht verschiedenen Wassertiefen an, nehmen dabei jedoch oft andere Wuchsformen an – und das enttäuscht wiederum manchen Wasserbekkenfreund.

Jede Pflanze muß außerdem genügend im Boden verankert sein. Bei Pflanzen mit kräftigem Wurzelballen ist das kein besonderes Problem, vor allem dann nicht, wenn sie sogar einen Topfballen besitzen. Nehmen wir aber zum Beispiel die *Sumpf-Calla,* welche im Herbst sämtliche Wurzeln gänzlich verliert und diese erst wieder im Frühjahr neu austreibt. Die zurückbleibenden Rhizome müßten in solchen Fällen unbedingt mit Hölzchen, zurechtgebogenen Häkchen oder angehäufelten Steinen festgeklemmt werden, und zwar so lange, bis sie im Frühjahr wieder fest angewurzelt sind. Dasselbe kann man mit dem Wurzelstock der Seerosen tun, sofern man diese Pflanzen nicht in ihrem Draht- oder Plastikkorb belassen möchte. Ich finde diese Methode günstiger, und was das unschöne Aussehen solcher Körbe betrifft, so sind sie sehr schnell von anderen Wasserpflanzen kaschiert. Werfen Sie zum Beispiel eine Handvoll Samen der *„Schwimmenden Wassernuß"* ins Wasser; sie keimen dort sehr rasch und suchen sich ihren Platz. Damit wäre das „Kaschierungsproblem" jedenfalls gelöst.

Es gibt mehrere Schwimm- und Unterwasserpflanzen, die man einfach ins Wasser werfen kann, dazu gehören zum Beispiel das *Tausendblatt,* der *Wasserschlauch,* die *Krebsschere* und die *Wasseraloe.*

Eine Regel sollte man unbedingt beherzigen: Ein Zuviel an Pflanzen läßt die Ruhe, welche von einer Wasserfläche ausgeht, verschwinden. Das wäre nicht nur schade, es würde sogar recht ungepflegt wirken. Halten Sie im Idealfall möglichst zwei Drittel des Wasserbeckens frei von Pflanzen, damit der Wasserspiegel auch wirklich als „ruhiger Pol" empfunden werden kann. Wählen Sie außerdem nach Möglichkeit nur solche Pflanzen aus, die nicht durch ein zu starkes Wachstum bald einmal alles überdekken würden; der schmalblättrige und sehr hübsche *Kalmus (Acorus calamus)* gehört zum Beispiel in diese Kategorie der „Wucherer". Leider.

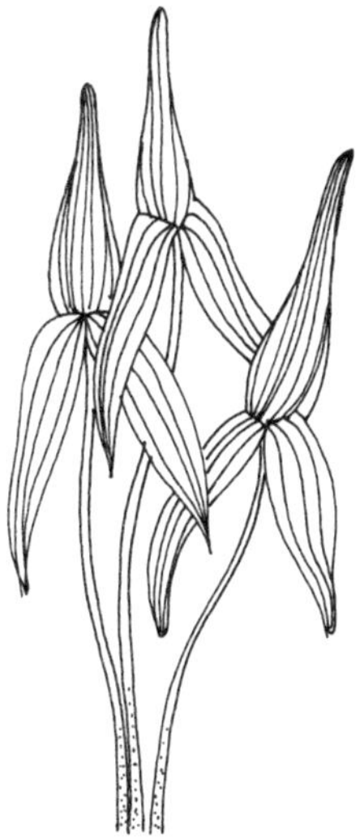

Pfeilkraut – Sagittaria sagittifolia

Während des ganzen Sommers nimmt sich im flachen Wasser die *Gelbe Sumpfschwertlilie (Iris pseudacorus)* wunderschön aus, ebenso die kleinen Kolben des *Zierlichen Rohrkolbens (Typha minima)*. Er wird nur 1 Meter hoch, wohingegen sein breitblättriger Bruder, der *Breitblattrohrkolben (Typha latifolia)* mit phantastischen, schwarzbraunen Rohrkolben aufwartet und glattweg die doppelte Höhe erreicht.

Die *Blumen-* oder *Schwanenbinse (Butomus umbellatus)* besitzt schmale Blätter und besticht uns vom Juni bis im August mit rosafarbenen Blütendolden. Weiße Rispen hat das nur 40 cm hohe *Pfeilkraut (Sagittaria sagittifolia)*, dessen Blätter – wie sein Name sagt – pfeilförmig sind.

Das attraktive Pfeilkraut, wie aber auch der feine *Tannenwedel (Hippuris vulgaris)*, breiten sich rasch und üppig aus, so daß es auch hier ratsam ist, sie von Anfang an in kleine Körbe, Töpfe oder ähnliche Pflanzgefäße zu setzen und diese ins Wasser zu stellen.

Wer nun ein großes Wasserbecken besitzt, welches zusätzlich noch mit einem speziellen Seerosentopf versehen ist, sollte natürlich keinesfalls auf die Primadonna der Wasserpflanzen – die *Seerose* – verzichten. Weinen Sie nun aber nicht, wenn bei Ihnen der Seerosentopf fehlt und Ihr Wasserbecken auch nicht die größtmöglichsten Ausmaße besitzt. Es gibt nämlich auch Seero-

Seerosen

sen, die sich schon mit einer Wassertiefe von ungefähr 20 bis 40 cm begnügen; dazu gehören die weiße „Nymphaea Alpina", die köstlich rosafarbene Nymphaea odorata „Rosea" oder die dunkelrote Nymphaea alba „Froebeli", sowie auch die Nymphaea laydekeri „Purpurata", eine purpurrote Schönheit.

Wußten Sie, daß Sie auch Seerosenblüten in Schalen als hinreißend schönen Tischschmuck verwenden können? Dazu legen Sie die offenen Blüten nach dem Schneiden zuerst eine halbe Stunde an die Sonne. Anschließend wird der Stengel frisch
! nachgeschnitten und ins Wasser gesteckt. Die Blüten schließen sich jetzt nicht mehr und bleiben einige Tage frisch.

Nach dem Bepflanzen des Wasserbeckens wird das Wasser ganz sorgfältig eingelassen. Bald danach geht unter dem Einfluß von Licht, Luft und Wärme ein Umsetzungsprozeß vor sich: es siedeln sich die gefürchteten Algen an und das Wasser wird trübe und undurchsichtig. Nun wäre es vollkommen falsch, das trübe Wasser immer wieder gegen frisches auszuwechseln, denn so müßte ja der ganze Umsetzungsprozeß stets nochmals von vorne beginnen! Es ist nämlich ganz einfach Algen zu bekämpfen, indem man einen – mit Torfmull gefüllten – Sack auf den
! Boden des Beckens ins Wasser legt. Auch Posthornschnecken nehmen sich sehr gerne der Algen an – und sie werden sehr rasch einmal fertig mit ihnen.

Soll ich Ihnen noch verraten, wie ich in meinem Garten ein sehr kleines Wasserbecken optisch wesentlich vergrößern konnte? Dies ist mir gelungen, indem ich die Wasserfläche unbepflanzt ließ, dafür aber in unmittelbarer Nähe des Beckens passende Blütenstauden ansiedelte. Hier geben sich nun die leuchtkräftigen, schwefelgelben Trollblumen, die Sibirische Iris und Japanische Schwertlilien ein Stelldichein. Auch Gauklerblumen (Mimulus luteus), Dreimasterblumen (Tradescantia) und der strauchartige Weiderich (Lythrum) kehren hier jährlich wieder. Nicht zuletzt aber wiegen sich zarte Astilben und das liebliche „Mädesüß" (Filipendula) zwischen einigen Ziergräsern leise im Sommerwind, alles Effekte, ohne die es für mich keinen Sommer gäbe.

Was wäre der Juni ohne die stolzen, unverwüstlichen *Schwertlilien?* Denn in der großen Blühlücke zwischen dem Frühlings- und dem Sommerflor kommen uns die vielen *Iris-„Germanica"*-Sorten wie gerufen. Sie schlagen eigentlich die goldene Brücke vom Frühling zum Sommer in unserem Garten. Die blauen und weißen Iris sieht man – vor allem auf dem Lande – überall, und man könnte beinahe fragen: „Was wäre ein Bauerngarten ohne Iris oder Schwertlilien?"

Mimulus, die bunte Gauklerblume (links). Die stolze Iris ist nahezu unverwüstlich und gibt dem Gärtner kaum Probleme auf

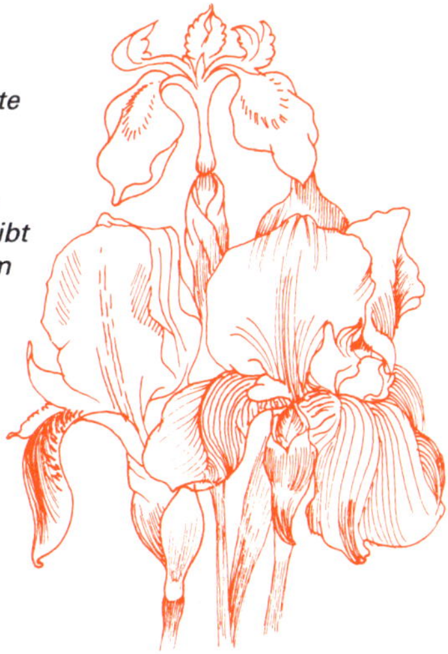

In der modernen Gartengestaltung sind die Iris etwas aus der Mode gekommen. „Leider", möchte man fast sagen. Denn Schwertlilien sind sehr anspruchslos in der Pflege und im Wachstum enorm robust, vorausgesetzt, wir bieten dieser Pflanze einen eher trockenen Standort an. Bodennässe bekommt ihr nämlich sehr schlecht. Ihre Wurzelsprosse – auch Rhizome genannt – sollten nicht mit Erde bedeckt werden, sondern vielmehr flach ausgebreitet an der Oberfläche des Bodens bleiben. Nach dem Einpflanzen werden die Schwertlilien gut angegossen, und dann überlassen wir alles weitere nur noch dem Regen. Es schadet also absolut nichts, wenn diese dankbaren Blumen in völlig trockener Erde stehen und selbst der Regen ausnahmsweise einmal sehr lange auf sich warten läßt. Schwertlilien vermögen nämlich ziemlich große Wassermengen in ihren Rhizomen zu speichern, und wenn der Regen ausbleibt, dann zehren sie von diesem Vorrat.

Steht Ihr Haus an einer sogenannten „Hanglage", und ist das Gelände Ihres Gartens stellenweise stark abfallend, also eher schwierig zu bepflanzen, geschweige denn zu pflegen? Mit Schwertlilien wären Sie all dieser Sorgen ein für allemal enthoben. Die Iris Germanica ist nämlich eine Pflanze, die sich an Böschungen besonders wohl fühlt, weil hier mit Bestimmtheit die Nässe nicht „stehen" bleibt, womit – wie bereits gesagt – die wichtigste Voraussetzung zu einem erfreulichen Gedeihen dieser „Vermittlerin zwischen Frühling und Sommer" erfüllt wäre. Iris Germanica schenken uns einen Farbenzauber in der blumenarmen „Übergangszeit", welcher in der ganzen Blumenwelt seinesgleichen nicht so schnell nochmals finden dürfte; dazu kommt noch das Faszinierende der Blütenform! Wo es darum geht, dem Garten weithin leuchtende Farbkleckse zu verleihen, da werden vorwiegend klare Farben und wüchsige, ausdauernde Sorten gewählt, die sich bald zu sprichwörtlichen Massenblühern entwickeln. Es gibt jedoch auch ausgesprochene Iris-Sammler. Sie suchen nach aparten Köstlichkeiten, welche dann als imposante Einzelpflanzen zur Geltung kommen. Manche der ganz raffinierten „Mehrfarbigen", ganz besonders aber die fein gezeichneten Iris-„Plicata"-Sorten, enthüllen ihre oft orchideenhafte Schönheit erst bei Nahbetrachtung.

Die Farbskala der Schwertlilien ist phantastisch: klares Hellblau, Lavendelblau, zartes Lilablau, feines oder kräftiges Mittelblau, leuchtendes Tiefblau, samtiges Blauviolett, Lila oder Lilarosa, Cattleyarosa, Flamingo- oder Orchideenrosa, Rahmgelb, Kanariengelb, Zitronen- oder Goldgelb, Granatrot, Kupferblutrot – oder Sorten in brillierenden Goldbronze- und warmen Goldlackbrauntönen ... ach, ich könnte noch lange aufzählen und käme immer noch zu fantastischeren Farbtönen.

Das Angebot an Schwertlilien ist verlockend groß, und je länger man in Katalogen studiert, desto weniger leicht fällt einem die Wahl. Soll man der seiden-schimmernden, rein hellblauen „South Pacific", deren Riesenblüten auf beinahe 100 cm hohen Stielen schweben, vielleicht eine „June Bride" als Nachbarin beigesellen? Ihr tiefes Rosa mit grellrotem Bart ergäbe bestimmt einen überzeugend guten Farbkontrast. Oder wäre ein dunkleres Blau, ein „Ton-auf-Ton"-Effekt doch noch besser? Ich denke dabei an „Allegiance". Diese, mit der „Dykes-Medal" ausgezeichnete Sorte, wird allgemein als eine der schönsten Neueinführungen betrachtet.

Ich weiß: Je früher die Iris in die Erde kommen, um so sicherer und reichlicher blühen sie schon im nächsten Frühjahr. Und, da im Juli diese Pflanzzeit beginnt, benütze ich jetzt die kurze Zeitspanne bis zum Startpfiff für das Einpflanzen der Rhizome, um mir in einer Großgärtnerei die momentan in voller Blüte stehenden Irissorten genauer „unter die Lupe zu nehmen". Was ich vorläufig in meinem Notizblock notiere, wird bereits im kommenden Jahr in meinem Garten berücken und entzücken ...

Jetzt noch goldgelb blühende Forsythiensträucher, duftende, von weißen, lila oder purpurvioletten Blütenrispen übersäte Fliederbüsche – oder Blütenzweige, die sich unter der Last von unzähligen, zart-rosafarbenen Blümchen biegen, wie jene des zauberhaft anmutenden Mandelbäumchens? Und dies alles jetzt – mitten im Sommer – in unserem Garten?

Völlig absurd, denken Sie wohl. Oder einfach eine Laune der Natur. Weder – noch ...

Es ist tatsächlich kein ausgewachsenes „Hirngespinst", sich für eine mager bepflanzte Gartenecke oder als Novum für eine Balkonecke jetzt noch einen blühenden Goldregenstrauch, einen von weißen Blüten übertünchten, zierlich überhängenden Spier-

Goldregen – Laburnum – (links) und Forsythie sind die schönsten der gelbblühenden Sträucher

strauch oder eine ebensolche, straff aufrechtwachsende Felsenbirne zu wünschen. Solche „Hirngespinste“ beziehungsweise „Wunschträume“ können heutzutage dank ausgeklügelter technischer Möglichkeiten ohne weiteres verwirklicht werden.

Größere Baumschulbetriebe sind nämlich im Besitze eines Kühlraumes, wo auf großen Gestellen die meistgefragten Blütensträucher, Ziergehölze, Rosen usw. lagern und nur darauf warten, von uns eingepflanzt zu werden, um uns dann – in der bald nachfolgenden Blütenzeit – mitten im Sommer in den blütentrunkenen Frühling zurückzuversetzen.

Bei 4 ° Celsius würden die Knospen solcher Ziergehölze bereits zu treiben und zu sprießen beginnen. Deshalb wird die Temperatur in einem solchen Kühlraum konstant auf 1 ° Celsius gehalten. Die Pflanzen leben somit in winterlicher Atmosphäre. Auch die Luftfeuchtigkeit bewegt sich um 95 Prozent, womit alle lebensnotwendigen Bedingungen für solche Rosen, Bäume und Sträucher erfüllt sind.

Wählen Sie für das Einpflanzen von „Kühlraum“-Schönheiten nicht unbedingt einen gewitterschwülen, hochsommerlich heißen Tag aus. Ein Regentag – oder wenigstens wolkig-bedecktes, eher unfreundliches Wetter – wäre weitaus empfehlenswerter! Vergessen Sie auch während der „Anwachszeit“ ein regelmäßiges Gießen nicht, dann werden Sie bald das Wunder erleben, in Ihrem eigenen Garten oder auf Ihrer Terrasse, mitten im Sommer, den Frühling zurückgeholt zu haben. Sie sind zum Zauberlehrling geworden.

Viele Leute sind immer noch der Meinung, daß im Frühsommer die Pflanzzeit für neue Stauden, immergrüne Pflanzen usw. ungünstig – oder der Termin für ein solches Unternehmen zu spät, endgültig verpaßt sei. Diese Auffassung hat heutzutage wirklich keine Gültigkeit mehr, denn in jeder Staudengärtnerei oder Baumschule werden die meisten Pflanzen, ob Blütenstauden, Ziersträucher oder Nadelhölzer, mit kompakten Erdballen in sogenannten „Containern" verkauft. Bei richtiger Pflege besteht nun absolut keine Gefahr mehr, daß solche Pflanzen nicht rasch an- und weiterwachsen werden.

Von solchen Sträuchern ist im gleichen Jahr dann allerdings keine Blüte mehr zu erwarten, denn sie haben ja – sofern es sich um frühlingsblühende Ziergehölze handelt – bereits in der Baumschule „unter freiem Himmel" geblüht.

Ein *Sommerflieder,* auch „Schmetterlingsstrauch" oder botanisch *„Buddleia"* genannt, wird hingegen seine eleganten, purpurroten oder lilafarbenen Blütenrispen vom Juli bis spät in den Herbst hinein treiben und auch ein *Garten-* oder *Roseneibisch (Hibiscus)* gehört ebenfalls zu den wenigen Ziersträuchern, die sich im Hochsommer unentwegt mit herrlichen Blüten schmük-

Der Sommerflieder – Buddleia – (links), der Garteneibisch – Hibiscus – sind zwei „Bienenweide"-Pflanzen, die auch von einer Vielzahl von Schmetterlingen besucht werden

ken und jeden Garten, wie auch jeden Balkon um einen farbenprächtigen Blüheffekt reicher machen.

Im Juni gibt es allerlei zu genießen, zu planen und vorzubereiten. Es gibt auch wichtige Pflegearbeiten an der Trockenmauer und entlang den Wegen zu erledigen. Aufkommendes Unkraut sollte entfernt und die verblühten Blütenstände der Schleifenblume, der Aubrietien- und Gänsekressepolster müssen weggeschnitten werden.

Sind Sie etwa enttäuscht, daß das Blühfeuerwerk der leuchtkräftigen Polster in Ihrem Steingärtchen erloschen ist? Dann darf ich Ihnen zum Trost sagen, daß es noch manche Pflanze gibt, die erst in den kommenden Wochen die Hochzeit ihrer Blüte hat. Auch von solchen Pflanzen werden heutzutage die meisten in Töpfen, vor allem aber mit gutem Topfballen angeboten, so daß es ohne weiteres möglich ist, Neupflanzungen auch jetzt noch vorzunehmen und eventuelle Lücken damit zu füllen.

Momentan blüht zum Beispiel das ungefähr 10 cm hohe *Hornkraut (Cerastium „tomentosum")*, welches als Polsterpflanze mit seinen weißfilzigen Blättern und den zahlreichen kleinen, weißen Blüten deshalb besonders zu empfehlen ist, weil es bei weitem nicht so stark wuchert wie beispielsweise die Sorte „biebersteinii". Noch gedrungener wächst die Sorte Cerastium „tomentosum var. columnae".

Die Sonnenröschen – Helianthemum – blühen beinahe einen Sommer lang

Den zartblauen Lein – Linum – sollte man stets in Gruppen pflanzen

Allerliebste Blütenfarben weisen die wertvollen Hybriden des *Sonnenröschens (Helianthemum)* auf, welche – wie die *Karpatenglockenblumen (Campanula carpatica)* – ungefähr 20 cm hoch werden und eine sehr lange Blütezeit, nämlich vom Juni bis August, haben. Die Karpatenglockenblume ist eine äußerst anspruchslose Staude und gedeiht überall gut, sofern der Boden nicht ausgesprochen naß und undurchlässig ist. Sie breitet sich übrigens durch Selbstaussaat aus, wird aber nicht lästig, weil sie absolut nicht wuchert. Hier gibt es weiße, hell- und dunkelblaue Sorten.

In keinem Garten sollte der überaus reich- und langblühende *Lein (Linum perenne)* fehlen. Er wird etwa 50 cm hoch, und die feinen, hellblauen Blüten öffnen sich nur in der Sonne. Am schönsten ist seine Wirkung in kleinen Gruppen auf einer Trokkenmauer – oder auch an deren Fuß. Es gibt hier eine besonders schöne Sorte mit blauvioletten Blüten, die sich „Linum narbonense" nennt und vielfach in hartem Konkurrenzkampf mit der noch wertvolleren, jedoch auch etwas empfindlicheren Sorte „Six Hills" steht, welche jedermann mit brillanten, enzianblauen Blüten entzückt und sich zudem nur durch Teilung oder Stecklinge vermehren läßt, wohingegen die anderen Sorten durch Aussaat vermehrt werden können.

Wenn Sie Ihre *Zweijahresblumen* gerne selber aussäen, dann

vergessen Sie bitte nicht, daß Ende dieses Monats „zur Tat geschritten" werden sollte. Vielleicht ist es nützlich, wenn ich Ihnen den Unterschied zwischen Einjahresblumen und Zweijahresblumen kurz in Erinnerung rufe.

Einjahresblumen blühen bereits im Jahr ihrer Aussaat; Zweijahresblumen werden meistens erst im Frühsommer – und nicht schon im zeitigen Frühjahr – ausgesät. Dann bleibt ihnen genügend Zeit zum Keimen und um Blätter zu treiben, worauf sie im Herbst an ihren endgültigen Standort verpflanzt werden können. Zweijahresblumen blühen demzufolge erst im zweiten Sommer, dürfen zuvor aber den Winter bereits im Freien verbringen; sie sind recht winterhart und benötigen in den wenigsten Fällen einen Winterschutz in Form einer Laub- oder Reisigdecke.

Es gibt viele Zweijahrsblumen, die sich ein Vergnügen daraus machen, ihre Samen großzügig auszustreuen und dadurch für ihren Fortbestand stets selber besorgt sind. Wir nehmen es deshalb kaum bewußt zur Kenntnis, daß wir in den folgenden Jahren nicht den von uns ausgesäten Pflanzen, sondern deren Kind- und Kindeskindern gegenüberstehen, die aber allesamt ebenso hübsch und fröhlich unseren Gartenbeeten zur Zierde gereichen.

Den Reigen der Zweijahrsblumen eröffnen die Stiefmütterchen, Vergißmeinnicht und Bellis (Tausendschön), die sehr lokker in Reihen ausgestreut werden, womit man sich auch noch das

Rittersporn – Delphinium – gibt es in verschiedenen Farbtönen

Über 2 m hoch werden die Blütentürme der Stockrose – Althaea

Pikieren erspart. Die jungen Pflänzchen werden im Herbst direkt vom Saatbeet- oder Saatkasten aus an Ort und Stelle verpflanzt, wo sie uns im Frühjahr dann blühend wieder begegnen.

Auch Malven, Fingerhut, Akelei und Kokardenblumen lassen sich ohne weiteres an einem eigens dafür hergerichteten Plätzchen durch Aussaat heranziehen. Blättern Sie schleunigst in Samenkatalogen und lassen Sie sich durch nichts davon abhalten, die einmal geweckten Gelüste zu stillen, indem Sie sich Samen besorgen.

Haben Sie auch schon einmal Samen gesammelt? *Samensammeln* ist eine große Schwäche von mir, nebst vielen anderen Schwächen, wie Sie inzwischen registriert haben werden.

Meine Löwenmäulchen haben dieses Jahr eine besonders schöne, kirschrote Farbe, und der Rittersporn, den ich als winzig-kleine Staude beim Gärtner kaufte, und der jetzt in voller Blüte steht, ist noch blauer und effektvoller, als ich mir dies in meinen kühnsten Wunschträumen vorzustellen wagte. Leider blüht der Rittersporn nicht bemerkenswert üppig, doch das schöne, klare Tiefblau tröstet mich über diesen Mangel hinweg. Ich werde jedenfalls einen Blütenstand davon stehenlassen und die Samen – sobald sie ausgereift sind – einsammeln und sofort in eine Saatschale aussäen. Dann kann ich die Sämlinge gut „im Auge behalten" und sie rechtzeitig pikieren. Ungefähr Ende August werden die herangezogenen Rittersporn-Jungpflänzchen an ihren endgültigen Standort gepflanzt und dürfen somit noch in sommerwarmer Erde anwachsen und später auch im Freien überwintern. So wird mich – hoffe ich – im nächsten Sommer ein wogendes, tiefblaues Blütenmeer in seinen Bann ziehen.

Von den Löwenmäulchen, deren apartes Kirschrot mich so entzückt, sammle ich ebenfalls Samen ein und bewahre sie – in Tütchen verpackt und angeschrieben – sorgsam auf. Diese Samen werde ich erst im nächsten Frühjahr in Saatschalen zu Jungpflänzchen heranziehen. Auf diese Weise bleiben mir für eventuelle „Herbstgelüste" die wenigen Plätzchen in den Beeten frei, die ich sonst der Jungschar Löwenmäulchen opfern müßte.

Auch für dieses Jahr habe ich mir wieder vorgenommen, von allen Pflanzen, die mir bezüglich ihrer Farbe oder Beschaffenheit besonders gut gefallen, und von denen ich nächstes Jahr unbedingt eine größere Anzahl haben möchte, einige Blüten so lange stehenzulassen, bis deren Samen völlig ausgereift sind. Dann werden wiederum verschiedene Tütchen genauestens angeschrieben – und mit Samen vollgeerntet.

Vor allem die majestätisch, dunkelrosa-farbene *Stockrose (Althaea),* auch „Bauernmalve" genannt, darf ich dabei niemals vergessen. Die Farbe ihrer herrlich gefüllten Blumen ist so einmalig schön und bezaubernd, daß ich bezweifle, ohne weiteres einen gleichwertigen Ersatz zu finden, zumal ich deren genaue Sortenbezeichnung auch nicht kenne. Doch ihre Samen werden diese Skrupel beseitigen ...

Das Samensammeln kann wahrhaftig zu einer Leidenschaft werden. Schon schiele ich in die nachbarlichen Gärten und bin beinahe beschämt, mich dabei zu ertappen, wie ich inständig wünsche, die ungewöhnlich faszinierenden, zitronengelben Lupinen meiner Nachbarin möchten doch so schnell wie möglich verblühen, damit ich bei deren Besitzerin die hohle Hand machen darf und sie mir dann hoffentlich mit Samen der „Zitronengelben" gefüllt wird.

Vorläufig muß ich die vollends abgeblühten Vergißmeinnicht-Stauden aus meinem allernächsten Blickkreis entfernen und deren Samen an der Böschung tüchtig ausschütteln. Zur Nachzucht für das kommende Jahr gibt es wirklich kein einfacheres Verfahren, als diese Pflanzen auszureißen und die Samen dort auszuschütteln, wo im nächsten Frühjahr zartblaue Vergißmeinnicht zum Himmel jauchzen sollen. Auch Samen von den betörend duftenden Bartnelken (Dianthus barbatus) habe ich frisch-fröhlich, kreuz und quer über der Böschung ausgestreut, und ich freue mich bereits auf das nächste Jahr, wo an meiner etwas vernachlässigten Halde ein freches Durcheinander einer kunterbunt blühenden Blumenschar stattfinden soll.

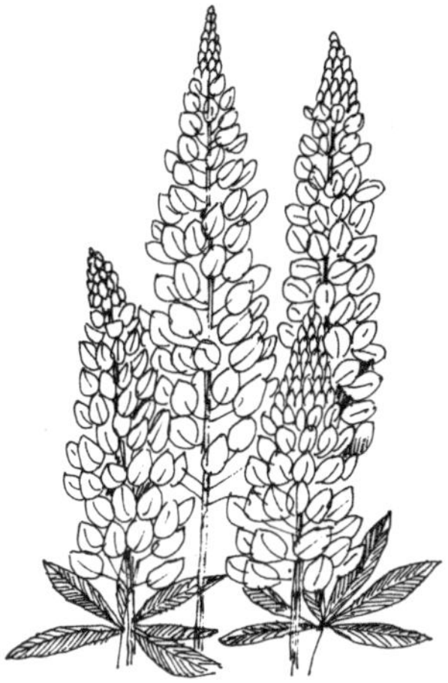

Blau, rot und gelb leuchten die Blüten der Lupinen

Juli

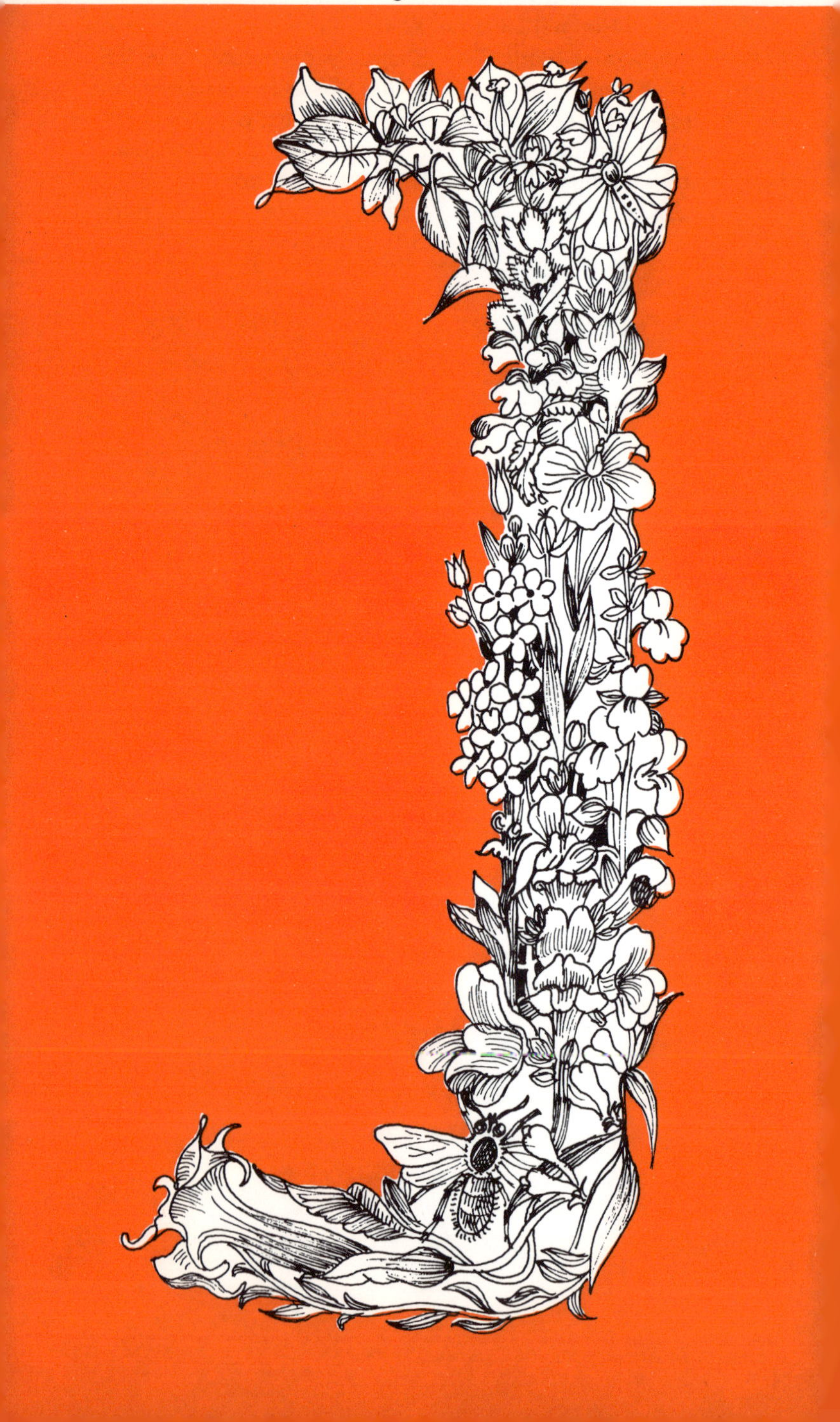

Beginnen Sie den Monat Juli mit etwas Außergewöhnlichem: versetzen Sie ein Blumengeschäft oder eine Gärtnerei in maßloses Erstaunen, indem Sie sie bitten, Ihnen einen bunten Strauß „Braunwurzgewächse" zusammenzustellen. Man wird wohl staunen, aber keineswegs in Verlegenheit geraten und Ihnen dann einen himmlischen Blumenstrauß mit nach Hause geben. Was glauben Sie, was jetzt in Ihrer Blumenvase duftet und dank seiner gewaltigen Schönheit und Brillanz Ihr Wohnzimmer in einen Raum verwandelt, der eigentlich in ein Märchenschloß gehörte?

Nun, es sind gelbe und violette Königskerzen, bunt gemischte Löwenmäulchen, prächtig rote Bartfaden-Glöckchen, himmelblauer Ehrenpreis und vielleicht auch noch zartes Leinkraut sowie fröhlich-gelbe Pantoffelbumen und gefleckt-blütige Gauklerblumen. Alle diese Blumen wären in Ihrem Strauß – und wäre der Gärtner zu einem Späßchen aufgelegt, so fänden Sie noch weitere „Braunwurzgewächse" darin, etwa: Augentrost, Wachtelweizen, Läusekraut und Schuppenwurz.

Nicht zu vergessen sind die prachtvollen hohen Blütenkerzen des Fingerhutes, der – nebst noch vielen anderen Gattungen – ebenfalls in die umfangreiche Familie der „Braunwurzgewächse" gehört. Wenn ich schon am Aufzählen bin, dann darf ich Ihnen die einzelnen Gattungen vielleicht doch noch etwas näher vorstellen. Man kann ja nie wissen, ob Sie gelegentlich mit einem Gärtner oder in einem Blumengeschäft fachsimpeln möchten.

Zu den stattlichsten Gewächsen unter unseren einheimischen Pflanzen gehören zweifellos die *Königskerzen.* Nur die violette Königskerze ist eine sogenannte „ausdauernde" Art; die gelben Sorten bilden im ersten Jahr nur eine Blattrosette, blühen dann im zweiten Jahr und sterben nach der Fruchtreife ab. Inzwischen sind aber bestimmt einige Samen zu Boden gefallen, die sich noch im gleichen Jahr zu kräftigen Jungpflanzen entwickeln, die bereits im folgenden Sommer wieder in Blüte stehen. Alle Königskerzen gehören zur Gattung „Verbascum“.

Der *Bartfaden* gehört zur Gattung „Pentstemon“; mit ungefähr 300 verschiedenen Arten zählt diese Gattung zur größten in dieser Familie, die besonders in Amerika und in Ostasien weitverbreitet ist. Achten Sie darauf: Bartfaden-Pflanzen sind sehr kälteempfindliche Geschöpfe, und sie erfrieren auch in Wintern, die nicht einmal besonders als „streng“ zu bezeichnen wären. Ohne eine dicke Winterschutzdecke ist jeder Bartfaden ein Todeskandidat.

Das Gartenlöwenmäulchen gehört zur Gattung „Antirrhinum“ und ist aus dem Mittelmeergebiet zu uns gekommen. Eine verwandte Art kommt in Mitteleuropa wild vor: es ist das Ackerlöwenmäulchen, ein einjähriges Kraut mit rosaroten Blütchen.

Bei den als Sommerblumen verwendeten Hybriden des *Leinkrauts (Linaria)* kommen alle erdenklichen Blütenfarben vor. Diese Pflanze stammt aus dem westlichen Mittelmeergebiet und wurde bei uns bereits im 16. Jahrhundert eingeführt.

Aus Nordamerika stammt die liebliche *Gauklerblume,* die zur Gattung „Mimulus“ gehört und wegen ihres Blütentyps, der „Maskenblüte“ genannt wird, auch den bezeichnenden Namen „Gaukler“-Blume erhalten hat. Sie hat sich aus früheren Gartenkulturen „davongeschlichen“, verwilderte zum Teil – und hat sich in Mitteleuropa stellenweise auf feuchten Wiesen völlig eingebürgert. Sie kann 30 oder 40 cm hoch werden und trägt etwa 4 cm

Ehrenpreis – Veronica spicata

Der Bartfaden – Pentstemon – ist mit seinen rosa bis roten Blüten eine begehrte Bienenweide und eignet sich gut als Schnittblume

große, goldgelb gefärbte Blüten mit feurigroten Punkten auf der Unterlippe. Bei den heutigen Gartenformen, die als außergewöhnliche Schnittblumen auch im Handel sind, finden wir vor allem verschieden getönte Rot.

Auch die *Pantoffelblume (Calceolaria)* gehört zu den „Braunwurzgewächsen". Die Unterlippe dieser knallgelben Blümchen ist zu einem breiten Schuh aufgeblasen, was sehr reizvoll und originell aussieht.

Zum „Sträuße-Binden" eignen sich auch die wundervollen Blütenähren des *Ehrenpreises.* Alle Ehrenpreisarten gehören zur Gattung „Veronica", also zu einer sehr umfangreichen Gattung. Es gibt langblättrigen, ährigen und großen Ehrenpreis; Gamanderehrenpreis und Persischen Ehrenpreis – und neuerdings beginnt sich bei uns der aus dem Kaukasus stammende Fadenehrenpreis einzubürgern. Ihn treffen wir allerdings kaum in einem entzückenden Blumenstrauß, ganz im Gegenteil. Er gereicht uns im Garten eher zum Ärger denn zum Entzücken, weil er leidenschaftlich gerne über den Boden kriecht, bald einmal ganze Flächen bedeckt und sogar die Gräser des Rasens zu verdrängen vermag.

Doch, was sollen wir uns über eine einzelne Art ärgern, wo es Dutzende herrlichster Sommerblumen in dieser illustren Blumen-Familie gibt? Tun wir dieser Familie vielmehr die Ehre an – und bereiten wir uns selber eine Riesenfreude mit einer bunten Schar von „Braunwurzgewächsen", die Sie nun auch im Garten selber pflücken können – oder bestenfalls bei jedem Blumenhändler finden. Rosen und Nelken verlocken uns während des ganzen Jahres zum Kaufen; „Braunwurzgewächse" gehören dem Sommer.

Wenn ich schon an *Rosen* denke, dann muß ich Sie fragen, ob Sie auch schon an Gärten vorbeigegangen sind, in denen die herrlichsten Rosen geradezu wucherten und deren köstlicher Duft Sie eine kurze Zeitspanne still stehenließ, um zu genießen, was uns die Natur an unverfälschten Wohlgerüchen zu bieten vermag?

Edelrosen, Polyantharosen, Schling- und Strauchrosen – ach, so vielerlei Rosen vermögen uns zu entzücken und am liebsten würden wir alle Sorten, in die wir uns Hals über Kopf verlieben, in unseren Garten verfrachten. Doch wenn wir dann im Herbst – der großen Pflanzzeit der Rosen – vielleicht gerade eine Flaute im Geldbeutel haben, begraben wir stillschweigend unsere „Rosenträume" wieder und trösten uns damit, daß im nächsten Jahr die Zeit der Rosen wiederkehre und wir dann eben erneut über fremde Mauern und Zäune schielen werden.

Sehen Sie einer solchen Flaute ganz gefaßt entgegen und verwirklichen Sie solche Wunschträume dennoch. Denn Sie können aus einem einfachen Rosenzweig selber einen Rosenbusch ziehen – und das ist nicht wenig spannend.

Erbitten Sie sich bei Freunden, Nachbarn oder Ihnen völlig fremden Rosenliebhabern eine etwas langstielige Blüte Ihrer angebeteten Rose. Ungefähr 4 bis 6 Augen sollte dieser Stiel haben, und ich möchte wetten, wenn der „Angebettelte" sieht, wie ernst es Ihnen ist, die gewünschte Rosensorte in Ihrem eigenen Garten wachsen zu sehen, wird er Ihnen sogar mehrere Stiele davon überreichen. Denn es dürfen auch abgeblühte Rosen sein, die ohnehin geschnitten werden müßten; Hauptsache sind die 4 bis 6 Augen, was ungefähr 4 bis 6 Blattpaaren entspricht.

Zu Hause entfernen Sie die untersten beiden Blattpaare und stecken diesen Teil des Stieles – nachdem Sie ihn zur rascheren Bewurzelung noch in einen schwarzen Hormonpuder getaucht haben, der in jeder Samenhandlung erhältlich ist – in einen Blumentopf (oder in Blumenkistchen, wenn Sie tatsächlich mehrere Stiele erhalten haben sollten), die mit einem guten Erde-Torfmull-Gemisch gefüllt sind.

Nun muß die Erde dieser Minirosenkultur immer feucht gehalten werden. Die Stecklinge dürfen bis Mitte Oktober ohne weiteres noch an einen schattigen Platz im Freien – am besten unter einen Strauch – gestellt werden. Durch Aufstülpen eines hellen Glases oder Plastikbeutels über diesen „zukünftigen Rosensträuchern" spannen Sie die sich darunter befindliche Luft und versetzen damit die Jungpflanzen in eine Treibhausatmosphäre.

Sobald sich die ersten Blattknospen zeigen, dürfen Sie Ihrer sehnlichst erträumten und nun in Wirklichkeit vor Ihnen stehenden Rose diese Hilfe wieder wegnehmen. Bei eintretender Kälte nehmen Sie die noch zarten Rosenkinder ins Haus und stellen dieselben in einen mäßig warmen Raum, vergessen aber hoffentlich ein regelmäßiges Gießen nicht. Normalerweise befinden sich die meisten Pflanzen während den Herbst- und Wintermonaten in einer Ruhepause. Ich habe jedoch die Erfahrung gemacht, daß neu herangezogene Rosenstöcke auch im Winter für gelegentliche, schwach bemessene Düngergaben sehr empfänglich und dankbar sind. Sie möchten ja bis im Frühjahr – gegen Ende März – so kräftig und stark sein, daß sie ihren vorbestimmten Platz im Garten oder auf dem Balkon beziehen können. Und dann dürfen Sie bereits im gleichen Sommer das Hochgefühl erleben, den Duft der ersten eigenen Rosenblüten genießen zu können . . .

Im Juli packt sehr viele Leute das Reisefieber! Da stellt sich bei den meisten von uns die Frage, wie all unsere Pflanzen „über die Runden kommen", wenn wir verreisen und kein Nachbar „griffbereit" ist, der das Blumengießen übernehmen könnte.

Wer seine Zimmerpflanzen auf *Hydrokultur* umgestellt hat, ist jetzt allerlei Sorgen so gut wie enthoben. Immerhin sollten auch Hydrokulturen jetzt in einen möglichst kühlen und nicht zu hellen Raum umsiedeln. Unter solchen Bedingungen verdunsten die Pflanzen wesentlich weniger Wasser.

Das gleiche gilt auch für Pflanzen, die in eine Pflanzenwanne eingesenkt sind. Auch sie sollten kühl und mäßig hell einquartiert und vor der Abreise nochmals tüchtig mit Wasser versorgt werden.

Wer seine Pflanzen bereits auf „Hydrokultur" umgestellt hat, hat nun tatsächlich Grund genug, nach Herzenslust zu schmunzeln! Es gibt verschiedene Arten der Hydrokultur; am besten kenne ich die LUWASA-Hydrokultur. „Luwasa" ist für mich ein richtiges Zauberwort: es setzt sich aus Luft–Wasser–Sand zusammen – und als „Zauberei" könnte man auch die Tatsache bezeichnen, daß sämtliche Zimmer- und Balkonpflanzen wesentlich besser in Hydrokultur gedeihen, als wir dies bis anhin zu glauben wagten. Die Pflanzen vollbringen wahre Wunder an Blütenreichtum und Wuchsfreudigkeit. Wie ist das möglich, werden Sie jetzt bestimmt fragen? Lassen Sie mich wenigstens die Hauptmerkmale der LUWASA-Hydrokultur aufzählen; dann wird Ihnen manches einleuchten:

1. Man kann eigens für die Hydrokultur gezüchtete Pflanzen kaufen – oder auch solche, die bis anhin in Erde gewachsen sind, auf Hydrokultur umstellen.

2. Man verwendet dazu Hydrokultur-Kleingefäße, Pflanzenwannen in jeder gewünschten Größe, die übrigens auch ganz individuell mit Holz verkleidet sein können. Für Balkon gibt es die Eternit-„automatic"-Gefäße, welche inwendig alle mit einer säurebeständigen Kunststoffbeschichtung versehen sind.

3. Die Pflanzen stehen bei Hydrokultur in „Lecaton", einem bewährten Pflanzensubstrat, bestehend aus zwei strukturstabilen Materialien, die ungedüngt und absolut neutral sind. „Lecaton" ist zudem ein sehr sauberes und geruchloses Material, das nicht ausgewechselt werden muß, weil es sich nicht zersetzt.

4. In der Luwasa-Hydrokultur gedeihen nun Pflanzen nebeneinander, die völlig unterschiedliche Ansprüche und Lebensbedingungen haben. So habe ich zum Beispiel wundervolle Hydrokultur-Arrangements gesehen, wo u. a. Zyperngras und Kakteen friedlich nebeneinander – in dem gleichen Gefäß – buchstäblich zur Zimmerdecke wucherten. Sie wissen aber, daß Zyperngras am liebsten im Wasser stehen möchte und ein Kaktus sterben müßte, wollte man ihm ein dauerndes Fußbad zumuten! Doch gibt es dafür eine ganz einfache Erklärung:

Mit Hydrokultur kann es nämlich keine Gießfehler geben! Alle Pflanzen werden nach einem einheitlichen Schema gegossen; die Pflanzen gedeihen derart prächtig, weil Luft, Wasser und Nährstoffe stets in richtiger Menge vorhanden sind. Luwasa ist regelrecht „narrensicher", weil alle lebensnotwendigen Faktoren in idealer Weise berücksichtigt werden. Die Bedienung der

Hydropflanzen wird vor allem noch dadurch erleichtert, daß ein Wasserstandsanzeiger – er steckt wie ein Fieberthermometer im Leca-Blähton – die genaue Kontrolle des Nährlösungsspiegels gestattet. Gießfehler sind also deshalb ausgeschaltet, weil die von den verschiedenen Pflanzen benötigten Nährstoffe und Spurenelemente, in Wasser aufgelöst, jederzeit im richtigen Verhältnis zur Verfügung stehen und von den einzelnen Pflanzen ganz individuell, nach ihren ureigensten Bedürfnissen, aufgenommen werden. Der Wasserstandsanzeiger besitzt eine rote Markierung und sobald dieselbe außer Sichtweite rückt, wird es Zeit zum Nachfüllen.

5. Gegossen wird hier aber nur alle 2 bis 5 Wochen! Außerdem verwendet man alle 4 bis 5 Wochen zusätzlich noch eine Nährlösung, den Luwasa-Flüssigdünger. Er wurde speziell für die Luwasa-Hydrokultur entwickelt, kann aber auch für Pflanzen in Erdkultur verwendet werden und ist lediglich mit lauwarmem Leitungswasser (1 : 100) zu vermischen.

Ich vermute, daß es auch diesem wundersamen Flüssigdünger zuzuschreiben ist, daß – seit ich ihn verwende – mein Orangenbäumchen wahre Wunder vollbringt. Es blüht unaufhörlich und setzt Früchte an, als würden wir in völlig anderen Breitengraden wohnen.

Knollenbegonien, Fuchsien und Fleißige Liesel blühen kaum jemals schöner und üppiger – als in einem Regensommer! Ich muß Ihnen nun aber bestimmt keinen Regensommer wünschen; ich wünsche Ihnen lediglich „automatic"-Eternit-Pflanzgefäße oder wenigstens den Einbau einer „automatic"-Bewässerungsgarnitur in bereits gebrauchte Asbestzement-Blumenkistchen! Es gibt nämlich solche Bewässerungsgarnituren für 50 bis 80 cm lange Balkonkästen, und sie haben einige wesentliche Vorzüge:

Man muß auch hier zwei- bis dreimal weniger fleißig gießen; die Erde trocknet weniger rasch aus und wird auch nicht mehr ausgelaugt, weil sich die ausgeschwemmten Nährstoffe im Reservoir der Bewässerungsgarnitur sammeln und von den Pflanzen wieder aufgenommen werden können.

Und die Quintessenz davon? Sie erleben ein besseres Wachstum der Balkonpflanzen und eine wesentlich schönere Blütenpracht bei einer absolut problemlosen Umgewöhnung Ihrer Blumenkinder. Die „automatic"-Bewässerungsgarnitur wird lediglich in das Blumenkistchen eingelegt und mit dem dazupassenden Gießrohr versehen. Die Einlage ist mit einigen Vertiefungen versehen, welche mit feuchtem Torfmull ausgefüllt werden, der zusätzlich noch gut angepreßt sein möchte. Alsdann füllen Sie das Gefäß mit Erde oder TKS-Torfmullsubstrat auf – und bepflanzen das Ganze nach Lust und Laune.

Ihre Laune wird bald einmal buchstäblich „Höhenflüge" machen, wenn Sie das herrliche Gedeihen Ihrer Pflanzen von Tag zu Tag miterleben dürfen, ob diese nun im Zimmer oder auf dem Balkon unter völlig neuen, aber erprobten und bewährten Bedingungen heranwachsen. Und selbst nach längerer Ferienabwesenheit werden Sie nicht von „Heu", sondern von einer köstlichen Blütenpracht empfangen!

Leben bei Ihnen noch viele Pflanzen in Tontöpfen? Dann sind die Probleme am größten, das steht fest. Durch die Tontöpfe verdunstet das Wasser relativ rasch, vor allem natürlich dann, wenn die Pflanzen hell und warm stehen. Also ist auch hier wieder gründlich Abhilfe zu schaffen. Doch das allein genügt in diesem Falle nicht. Tontöpfe werden deshalb ebenfalls am vorteilhaftesten in Pflanzenwannen versenkt, die für diese Zwecke eigens hergerichtet werden. Belegen Sie große Plastik- oder Zinkblechwannen mit einer Schicht Kieselsteine, die mindestens 5–10 cm hoch sein darf. Dadurch wird der Wasservorrat nämlich noch erhöht. Auf diese – im Wasser stehende – Kieselsteinschicht stellen Sie nun die – zuvor gut getränkten – Blumentöpfe und umhüllen jeden einzelnen mit viel Torfmull. Am Schluß sind sämtliche Ihrer Blumentöpfe bis zum Rand in Torfmull eingebettet, der nun ebenfalls gut durchfeuchtet wird und seinen aufgesogenen Wasservorrat während Ihrer Ferien allmählich an die Pflanzen wieder abgibt.

Sollten Sie keine geeigneten Becken und Wannen besitzen, so wäre die Badewanne noch ein Ausweg. Vergessen Sie aber nicht, daß Torfmull häßliche Flecken hinterlassen kann und Sie deshalb ein dichtes Plastiktuch in die Wanne legen müßten.

Viel komplizierter ist die *„Tropfenbewässerung"* oder die sogenannte „Docht-Methode". Bei der ersten Methode geben wassergefüllte Glas- oder Plastikballons ihr Labsal tropfenweise durch eine – in die Erde gesteckte – Tülle ab, und bei der zweiten

Methode führt ein Baumwolldocht, der am einen Ende in einen mit Wasser gefüllten Kübel hängt, durch das Abzugsloch im Topfboden den Pflanzenwurzeln das nötige Naß zu.

Sie sehen: Es gibt immer eine Möglichkeit, seine Pflanzenkinder bei der Rückkehr aus den Ferien gesund und munter anzutreffen.

Wenn wir auf unserer Ferienreise zum Beispiel durch südliche Gegenden fahren, dann werden unsere Blicke immer wieder auf Pflanzen gelenkt, von deren Blütenfülle, Farbenpracht und aufsehenerregender Größe eine unglaubliche Faszination ausgeht. Wie gebannt bleiben wir oft davor stehen und fragen uns, ob solche Pflanzen in unserem viel rauheren Klima auch gedeihen würden. Lohnt es sich gar, Ableger davon mit nach Hause zu nehmen – oder kultiviert man dieselben Pflanzen auch bei uns, paßt sie dem Klima an und verkauft sie erst dann?

Reisen wir zum Beispiel durch Süditalien, Südfrankreich, Spanien, Portugal oder den Tessin, dann begegnen wir herrlich blühenden *Strauchveroniken,* die zur allernächsten Verwandtschaft unseres blauen Ehrenpreis (Veronica) gehören. Was wir nun aber in den Gärten südlicher Gefilde so sehr bewundern, nennt sich *„Hebe speciosa",* stammt ursprünglich aus Neuseeland und Australien, und wird manchmal sogar mit „Veronica" gekreuzt. „Hebe speciosa" mit den wundervollen violettroten Blütentrauben kann bei uns nur im Topf gehalten werden, und es lohnt sich in jedem Fall, diese Pflanze bei einem Treibhausgärtner zu erstehen, wo sie sich unserem Klima nun tatsächlich schon anpassen konnte.

Die Südländer lieben es, ihre Häuser mit ganzen Girlanden üppig, beinahe vulgär blühender Prunkwinden zu schmücken, und diese Blütenpracht lenkt unsere Aufmerksamkeit zwangsläufig auf sich. Es handelt sich hier jedoch nur um einjährige Pflanzen, die jedes Jahr von neuem ausgesät werden müssen. Samen von *„Ipomoea purpurea"* oder *„Ipomoea tricolor"* sind auch bei uns erhältlich, und sie werden vorteilhafterweise im warmen Zimmer in Torftöpfchen aufgezogen und ab ungefähr Ende Mai ins sonnige Freiland oder in Balkongefäße ausgepflanzt. Als rasch wachsende Schlingpflanzen verlangen sie die Hilfe von Schnüren oder feinem Gitterwerk, damit sie die zahlreich erscheinen-

Prunkwinde – Ipomoea

den, märchenhaften Trichterblüten so vorteilhaft als möglich präsentieren können.

Auch die violett, rot oder rosa blühende *Bougainvillea* (Drillingsblume) ist ein bekannter Kletterstrauch der Mittelmeerländer. Als Topfpflanze wird sie auf allen südlichen Märkten feilgeboten, und wir dürfen sie getrost als Feriensouvenir mit nach

Die Bougainvillea wird auch Drillingsblume genannt

Oleander – Nerium oleander

Hause tragen, wenn wir uns auch später mit einer Topfpflanze zufriedengeben müssen und keine Kletterkünste von ihr zu erwarten haben.

Unser Klima gibt der Bougainvillea nämlich sehr zu schaffen, und einige wichtige Grundregeln für die Pflege dieser Pflanze sollten wir uns unbedingt merken, um ihr das Leben nicht unerträglich zu machen: Während der Blütezeit nie austrocknen lassen, recht sonnig stellen. Soll sie im nächsten Jahr wieder blühen, dann braucht die Bougainvillea im Winter unbedingt eine Ruhezeit bei Temperaturen unter 12° C. Nur in Ausnahmefällen darf das Thermometer im Winter über 15° C ansteigen. Andernfalls würde die Pflanze zwar nicht eingehen, aber auch nicht blühen. Nahezu die gleichen Bedingungen stellt der *Oleander (Nerium oleander)*, der bei uns als Kübelpflanze eine stattliche Höhe erreicht und praktisch vom April bis in den Spätsommer hinein ununterbrochen blüht. In regnerischen Sommern kann es passieren, daß sich die angesetzten Blüten überhaupt nicht öffnen. Sie überwintern dann und belohnen uns im nächsten Frühjahr um so frühzeitiger. Was will man mehr?

Ableger von Oleander bricht man ganz unten an der Basis der Pflanze weg, packt sie in feuchte Watte und erst noch in ein Plastiksäcklein. Auf diese Weise überstehen sie die Heimreise aus südlichen Ländern wohlbehalten und werden später zur Bewur-

Blüte des Stechapfels – Datura

zelung in ein grünes oder braunes Wasserglas gestellt. Als gute Starthilfe dient auch hier ein übergestülptes Plastiksäcklein, das luftdicht abgeschlossen und als Treibhaus dienlich sein soll. Sobald sich die ersten, feinen Würzelchen zeigen, darf das Plastikhütchen entfernt werden.

Schmucklilien, Granatäpfeln und Stechäpfeln werden Sie im Süden natürlich ebenfalls auf Schritt und Tritt begegnen. Die *Schmucklilie (Agapanthus)* ist eine reichblütige und sogar sehr empfehlenswerte Kübelpflanze mit riemenförmigen, dunkelgrünen Blättern. Die mehrblumigen, imposanten Dolden mit blauen oder weißen Trichterblüten sind ein großartiger Blickfang, und ich finde es recht bedauerlich, daß man dieser – leicht altmodischen – Pflanze bei uns immer weniger begegnet.

Auch der *Stechapfel* wächst sich in einem Kübel zu einer mächtigen Pflanzengestalt aus. Die herrlichen, sehr großen und trichterförmigen, rahmweiß gefärbten Blüten des Stechapfels (Datura) sollte man eigentlich nur aus einer respektvollen Entfernung bewundern: die Pflanzen enthalten nämlich ein hochgiftiges Alkaloid; und deshalb ist vor allem größte Vorsicht bei Kindern erforderlich – auch in den Ferien!

Der *Granatapfel,* auch Granatbaum (Punica granatum), ist eine jahrhundertealte Zierpflanze, deren Stammform wenigstens 2

Meter hoch wird. Von Ablegern des Granatapfels eine blühfähige Pflanze zu erhalten dürfte ein problematisches Unterfangen für einen Laien sein. Auch wenn wir im Süden herrliche Büsche des blütenbeladenen Granatapfels gesehen haben, so gedeiht diese Pflanze bei uns lediglich als Topfpflanze, die im Sommer sehr hell und warm, im Winter aber sehr hell und kühl stehen möchte. Die bei uns – speziell für Töpfe – kultivierten Granatäpfel erreichen lediglich eine Wuchshöhe von ungefähr 50 cm. Sie blühen aber wundervoll und stehen im Sommer sehr gerne im Freien oder hinter einem Südfenster. Wenn der Granatapfel im Herbst seine Blätter verliert, dann erschrecken Sie nicht und fühlen sich schuldig: das ist die natürliche Gewohnheit dieser Pflanze. Dort, wo der Wind den Dünensand weggeblasen und die Zwiebeln der herrlich nach Vanille duftenden, weißblühenden *Pankrazlilie (Pancratium maritimum)* freigelegt hat, verlockt es uns begreiflicherweise, den Versuch zu machen, diese entzückende Blume bei uns im kommenden Jahr von neuem zum Leben zu erwecken. Das dürfte gelingen, wenn Sie die Zwiebeln nur bis zur Hälfte in sehr sandiges, mageres Erdreich einbetten und möglichst sparsam mit dem Gießwasser umgehen. Pankrazlilien sind sogenannte „Hautnarzissen" aus der Familie der Amaryllisgewächse und deshalb auch sehr nahe verwandt mit dem „Schön-

Schmucklilie – Agapanthus

häutchen", der begehrenswerten Kulturismene, die ich Ihnen nicht genug empfehlen kann.

Vom *Feigenkaktus (Opuntia)* können Sie sich bedenkenlos einige Gliederstecklinge heimnehmen. Lassen Sie deren Schnittfläche schon in den Ferien an der Sonne gut abtrocknen. Nach ungefähr 10 Tagen können die Stecklinge in Blumentöpfe gepflanzt werden, wo sie sehr rasch Wurzeln schlagen. Während des Wachstums benötigen Opuntien ausreichend Feuchtigkeit, Sonne und eine luftige Umgebung. Im Winter ist ihnen ein heller, trockener Standort bei einer Temperatur von ungefähr 8 bis 10° C am liebsten.

Wenn Sie Glück, Ausdauer – und vor allem einen „grünen Daumen" haben, dann lachen Ihnen im kommenden Sommer vielleicht bereits die ersten südlichen Pflanzen aus den eigenen vier Wänden entgegen. Wer weiß: Möglicherweise erspart Ihnen dies eine weite Reise ...

Feigenkaktus – Opuntia

August

Wie oft schon habe ich entsetzte Ausrufe von Leuten gehört, die einmal den wagemutigen Versuch machten, einen *Essigbaum* in ihrem Garten zu halten, und nun mit Überzeugung andere Wagemutige davon abhalten wollen, später einmal selber entsetzt sein zu müssen.

Das tönt irgendwie recht kompliziert, ist es aber nicht. Denn Essigbäume sind alles andere als komplizierte Pflanzen, und sie beweisen dies auch, indem sie nicht nur fabelhaft gedeihen, sondern auch pausenlos für Nachwuchs sorgen! Komischerweise freut sich jeder Pflanzenfreund, wenn seine „Lieblinge" Kinderchen bekommen – und da soll der Essigbaum ausgerechnet eine Ausnahme machen?

Ich gebe ja zu, daß tatsächlich ein Unterschied besteht, wenn beispielsweise Glockenblumen üppig gedeihen und sich auch ebenso üppig vermehren – oder ob im ähnlichen Sinne plötzlich ganze Kompanien Essigbäume vor uns stehen. Da muß man doch wohl gewisse Grenzen ziehen, nicht wahr? Und das geht sehr einfach. Jedenfalls müssen wir keineswegs beiseite sehen, sollten wir uns eines schönen Tages doch noch in einen Essigbaum verknallen.

Wir pflanzen diesen wunderhübschen Baum nun nicht irgendwo in den Garten, sondern stellen ein möglichst großes und tiefes Pflanzgefäß aus Asbestzement an einen sonnigen Platz – es darf auch mitten im Rasen sein –, und schon sind diesem „Kinderfreund" ganz bestimmte Grenzen gesetzt.

Erstens kann er nun sein Wurzelwerk nicht nach Lust und Laune ausdehnen, und zweitens besteht auch nicht die Gefahr, daß wir diese Wurzeln bei Gartenarbeiten verletzen. Denn ausgerechnet solche Verletzungen – ein Spatenstich genügt schon – sind es nämlich, die den Essigbaum dazu animieren, raschmöglichst für Nachwuchs zu sorgen, ehe es ihm vielleicht selber an den Kragen geht! Fragen Sie einen Baumschulgärtner; er wird einen Blick zum Himmel senden und Ihnen meine Behauptung bestätigen.

Essigbäume wachsen rasch, und sie entwickeln sich meistens zu prachtvollen Solitärstücken. Sie lassen sich ohne weiteres zurückschneiden, und das ist ein weiterer Grund, weshalb ich Sie auch dazu ermuntere, einen Essigbaum auf Ihrem Balkon zu halten. Am besten wäre natürlich eine Dachterrasse, wo er relativ hoch werden darf.

Wo die Platzverhältnisse bescheidener sind und eine üppig gedeihende Pflanze dennoch erwünscht wäre, ist der äußerst dekorative *Federmohn (Macleaya cordata)* bestimmt das Richtige. Federmohn ist eine krautige Pflanze, die – im Gegensatz zum Essigbaum – keinen Stamm bildet und dennoch über 200 cm hoch werden kann. Das starke Wuchern dieser Pflanze ist schon oft als unangenehm empfunden worden, und so sehe ich eine elegante Lösung dieses Problems darin, auch den Federmohn in einem großen Pflanzgefäß anzusiedeln. Er wird dann lediglich so groß, als es die Ausdehnung seiner Wurzeln erlaubt.

Die Blütezeit des Federmohns sind die Monate Juli und August. Sie erzielen eine fabelhafte Wirkung, wenn Sie die Pflanze vor eine weißgetünchte Mauer stellen. Die großen, grau-

Zierapfel – Malus

grünen, wundervoll gelappten Blätter werden ihre Schattenspiele über diese Mauer gaukeln lassen – und die aufrechten, zierlichen Blütenrispen werden Beifall nicken.

Bei den meisten Federmohnsorten sind die Blüten nicht besonders leuchtkräftig. Sie halten sich an ein bescheidenes Gelbbraun. Die Sorte „Kelway's Coral Plume" macht hier allerdings eine beachtliche Ausnahme: ihre Blütenrispen bezaubern uns mit einem verblüffenden Korallenrot. Und ist nicht das Unerwartete stets am reizvollsten?

Es ist eine alte Binsenwahrheit, daß die nächste Umgebung des Balkons während des ganzen Jahres, also Sommer und Winter, so naturverbunden als möglich gehalten werden sollte. Was ist da naheliegender, als auf jeder Terrasse Sträucher, winterharte Blütenstauden und – bei entsprechend günstigen Platzverhältnissen – sogar kleine Bäume anzusiedeln. Wichtig ist dabei nur, ein möglichst tiefes Pflanzgefäß auszuwählen, damit die Wurzeln des Gehölzes tatsächlich auch „Fuß fassen" können und nicht nur an der Oberfläche haftenbleiben. Mangelhaft eingewurzelte Pflanzen in zu engen Gefäßen würden vertrocknen und im Winter möglicherweise sogar erfrieren.

Ich habe selber den Versuch gemacht, in einem nur 50 cm tiefen, sechseckigen Gefäß einen *Zierapfel* anzupflanzen und, er gedeiht darin seit mehr als vier Jahren aufs beste. In diesem Falle ist es mir darum gegangen, die Kieselstein-Einöde des Flachdaches über einer Garage etwas zu beleben, weil dieser „steinige" Anblick meine Aussicht von der Gartenterrasse sehr langweilig gestaltete. Dieser Zierapfel – ein „Malus pumila John Downie" – gehört zu den dankbarsten und reichblühendsten Frühjahrsblühern. Im Herbst beglückt er mich jeweils mit herrlich bunten Blättern und einem Fruchtbehang der niedlichsten, orangeroten Äpfelchen. Damit dieser Großstrauch seine Wurzeln in besagtem Gefäß möglichst gut ausbreiten und vor allem auch genügend Nahrung aus dem spärlich bemessenen Erde-Torfmull-Gemisch beziehen kann, habe ich hier keine weiteren Pflanzen mehr beigefügt. Nur im Frühling wogt aus der Erdoberfläche ein Meer bunter Krokusse, und diese winzig kleinen Blumenzwiebelchen nehmen ihrem großen Gastgeber herzlich wenig Nahrung weg. Deshalb dürfen sie auch während des übrigen Jahres im Topf bleiben und die Gastfreundschaft weiter genießen. Primeln würden sich in dieser Gesellschaft natürlich ebenso schön ausnehmen; vielleicht werde ich in dieser Hinsicht gelegentlich einmal eine „Programmänderung" vornehmen.

Wer sich für die Kübelbepflanzung interessiert, sollte keinen Augenblick zögern und sich ein „Moorbeet" anlegen. Natürlich in einem möglichst weiten, aber nicht unbedingt sehr tiefen Pflanzgefäß. Die meisten Moorbeetpflanzen sind sogenannte „Flachwurzler", deren Wurzeln lieber in die Breite als in die Tiefe wachsen.

Moorbeetpflanzen sind bezüglich ihrer Farbenpracht während der Blütezeit kaum zu übertreffen, und zudem sind viele Sorten „immergrün" und deshalb auch für die kahlen Wintermonate ein „grüner Pol" in unserem Blickfeld.

Leider verzichten viele Blumenfreunde auf diese wertvollen Pflanzen, weil sie an die Bodenbeschaffenheit einige Ansprüche stellen. Sie lieben nämlich einen etwas sauren, humosen Boden, der durch reichliche Gaben von Torf, Nadelerde oder verrottetem Laub geschaffen werden kann. In gewöhnlicher, meist sogar kalkhaltiger Humuserde ist die Aussicht gering, daß uns diese Pflanzen einen reichen Blütensegen bescheren. Auch eine lange Lebensdauer dieser holzartigen Gewächse wäre in Frage gestellt, denn Moorbeetpflanzen sind äußerst kalkempfindlich!

Am besten holt man sich die erforderliche Rhododendronmischung – oder Moorbeeterde – bei einem Gärtner und füllt dieselbe erst dann in das Pflanzgefäß, nachdem ein sogenannter „Rost" vorbereitet worden ist. Es werden dazu etwa 10 cm hoch Kieselsteine jeglicher Größe eingeschüttet, und darüber verteilt man ebensoviel Holzabfälle aller Art, bis eine totale Rosthöhe von ungefähr 20 bis 25 cm erreicht ist. Dieser Rost wird nun mit Tannenästen – die zur Durchlüftung dienen – abgedeckt und darüber wird alsdann die Moorbeeterde verteilt.

Moorbeetpflanzen gedeihen am besten in leichtem bis mäßigem Schatten! Sie sollten im Sommer nie trocken stehen, denn sie lieben die Bodenfeuchtigkeit geradezu, obwohl auch diese nicht stagnierend sein darf.

Die eigentlichen *Rhododendren* lieben ganz besonders einen halbsonnigen Standort. Im tiefen Schatten würde ihre sprichwörtliche Blühwilligkeit empfindlich nachlassen. Statt dessen dürfen sie sogar ohne weiteres in volle Sonne gepflanzt werden,

Bei den Rhododendren sind die immergrünen Sorten besonders dankbar

allerdings nicht direkt vor eine Südwand, weil dann durch die reflektierten Strahlen die Hitze zu stark würde. Bei einer Pflanzung in voller Sonne wäre zu beachten, daß hier eine gründliche Bewässerung außerordentlich wichtig ist. Auch vor Eintritt des Frostes ist es nützlich, allen „Immergrünen" – und dazu zählen die Rhododendren – nochmals genügend Wasser für den langen Winter zu spenden.

Moorbeetpflanzen dürfen auch in Kübeln ohne weiteres im Freien überwintern, doch, um vor Schäden der Wintersonne zu schützen, sind vor allem wieder die „immergrünen" Sorten leicht zu decken. Eine ordentlich dicke Laubschicht zur Abdeckung des Bodens für den Winter wäre ebenfalls eine liebevolle Fürsorge, welche uns die Pflanzen mit ihren zauberhaften Blüten im Frühjahr dann wieder verdanken werden.

Die Auswahl bei den Rhododendren, sowie bei den Azaleen, ist derart groß und verlockend, daß ich hier nur sagen kann: „Wer die Wahl hat – hat die Qual!"

Die widerstandsfähigste Art ist der großblumige, lilablaue Rhododendron „catawbiense". Diese Pflanze ist immergrün und erreicht in einem Kübel kaum die sonst beachtliche Höhe von 2,5 Meter.

Wesentlich niedriger bleibt die ebenfalls immergrüne und zudem sehr winterharte Sorte Rhododendron „haematodes" (Hybriden). Sie blüht in einem phantastischen Scharlachrot.

Mit den gleichen Eigenschaften, jedoch hyazinthenblau blühend, erfreut uns Rhododendron „impeditum Blue Tit".

Leuchtend scharlachrot, immergrün, doch von ausgesprochen flachem Wuchs und mehr in die Breite gehend, ist die Sorte Rhododendron „repens" (Hobbie).

Für eine Kübelbepflanzung eignen sich besonders auch die sogenannten *„Zwergrhododendren"*, und so möchte ich aus der Vielzahl der im Handel befindlichen immergrünen Arten jene auswählen, die besonders unempfindlich sind und deshalb wiederum für Balkone und Dachgärten, nicht zuletzt natürlich für Gärten, in Frage kommen:

Rhododendron impeditum „Oudyks Favorit" wächst locker, breitbuschig und wird ca. 60 cm hoch. Seine Blätter sind 2 bis 3 cm lang und schmal; die Blüten lilafarben.

Rhododendron „minus" hat einen eher geschlossenen Wuchs und erreicht eine Höhe von ca. 1 Meter. Diese Sorte hat stumpfledriges, bis 5 cm langes Laub und rosafarbene Blüten.

Rhododendron „praecox" ist ein ausgesprochener Vorfrühlingsblüher mit glänzend grüner, 4 cm langer Belaubung und lila-rosa Blüten. Diese Sorte kann bis 120 cm hoch werden.

Nur in wirklich geschützten Lagen und bei besonders sorgfältigem Winterschutz gedeihen die halbimmergrünen *Japanischen Azaleen.* Sie erreichen bestenfalls eine Höhe von 50 cm, sind aber von bestechender Schönheit. Ihre Farbskala reicht von reinem Weiß, über Rosa, Lachs, Orange bis Kupferrot. Einfach herrlich.

Schon eine Strauchheidelbeere – Vaccinium Carymbosum – liefert mehrere Kilo Beeren pro Saison

Lustwandeln Sie diesen Monat noch in einer größeren Baumschule! Dann begegnen Sie möglicherweise noch einem weiteren Moorbeetgewächs, nämlich der *Kulturheidelbeere (Vaccinium Carymbosum).* Dieses Gewächs fällt weniger seiner imposanten Blüten, als seiner vielen Beeren auf. Das Tolle daran ist die Tatsache, daß diese Beeren eßbar sind.

Eine Kulturheidelbeere gehört zum reizvollsten, das man sich für ein Pflanzkübel-Moorbeet auswählen kann. Da es sich hier ebenfalls um ein sogenanntes „Heidekrautgewächs" – zu dem sich alle Moorbeetpflanzen zählen – handelt, gelten auch für dieses Ziergehölz dieselben Pflanzbedingungen wie für die übrigen Moorbeetpflanzen.

Bei den Kulturheidelbeeren handelt es sich um amerikanische Heidelbeeren, welche sich im Gegensatz zu unseren einheimischen Pflanzen bis zu mannshohen Sträuchern entwickeln. Es sind demzufolge richtige, übrigens sehr schöne Ziergehölze. Der hohe Wuchs mag uns vielleicht auch erklären, weshalb die Früchte dieser Sträucher nahezu sechsmal größer werden als solche unserer Waldheidelbeeren. Der Ertrag einer ausgewachsenen Pflanze beträgt mehrere Kilo pro Saison. Die Haut der Beeren ist tiefblau und leicht bereift; das Fruchtfleisch ist weiß und das Aroma äußerst mild. Die Tatsache, daß der Saft einzelner Sorten nicht färbt, dürfte auch für geplagte Mütter von Kleinkindern eine Wohltat bedeuten.

Kulturheidelbeeren sind gut winterhart und werden an geeigneten Standorten bis zu 25 Jahre alt. Als Blütensträucher sind es nicht ausgesprochen imposante Pflanzen, obwohl sie sich überaus reichlich mit kleinen, weißen Blütchen schmücken, aus denen sich dann später die begehrten Heidelbeeren entwickeln. Im Herbst schließlich tragen diese Sträucher ein herrlich-buntes Blätterkleid und verstehen es, damit jedermann zu entzücken.

Die Beeren der Sorte „Groover" besitzen ein vorzügliches Aroma. Ebenfalls vollaromatisch, jedoch frühreifend, ist die Sorte „Pioneer"; „Pemberton" hingegen wächst am stärksten von allen Sorten, und die Beerenernte soll auch hier sehr ertragreich sein.

Stellen Sie sich die Freude Ihrer Kinder vor, wenn auf Ihrem Balkon, vor Ihrer Haustüre – oder gar in einem sonst verwaisten

Hinterhof – plötzlich Kulturheidelbeeren gedeihen und dann nach Herzenslust genascht werden darf.

Weil diese Sträucher im Spätherbst ihre Blätter abwerfen, würde ich im Hinblick auf die Wintermonate eine immergrüne Bodenbedeckung dazupflanzen. Die *„Kriechende Scheinbeere" (Gaultheria procumbens)* wäre sehr gut dazu geeignet. Sie hat glänzende, dunkelgrüne Blättchen und blüht in einem zauberhaften Rosa. Im Spätsommer – und manchmal den ganzen Winter über – ist sie voller kugeliger Früchtchen und ergibt zusammen mit der ebenfalls moorbeetliebenden, wie auch winterblühenden *Schneeheide* (Erica carnea „Winter Beauty") ein „sonnig-blühendes" Wintergärtchen, an das Sie jetzt schon – mitten im Hochsommer – erinnert sein sollen.

Mit dem Planen kann man in Belangen des Gartens nie früh genug beginnen. Wer zu seiner eigenen Freude den Versuch gewagt hat, *zweijährige Sommerblumen aus Samen* selber zu ziehen, sollte deshalb jetzt nicht verfehlen, diese nochmals zu pikieren und möglichst schattig zu stellen, um sie dann gegen Ende des Monats an ihren endgültigen Bestimmungsort zu verpflanzen. Diese „jüngsten" unter unseren Blumenkindern sollten nämlich anwachsen, solange der Boden noch „sommer"-warm ist. Tun wir ihnen diesen Gefallen.

Hat Ihr *Steingärtchen* im Frühjahr etwas mager und wenig bunt ausgesehen? Dann sollten Sie ebenfalls recht bald solche Lücken mit *Polsterpflanzen* ausfüllen. Achten Sie jedoch darauf, daß diese neuen Stauden gute Topfballen besitzen und am Anfang, bei sonnigem Wetter, leicht beschattet werden. Sie haben dann Gewähr dafür, im nächsten Frühjahr schon ein herrlich buntes, reich-blühendes Steingärtchen bewundern zu können.

Nach wie vor gehören *Aubrietien* zu den dankbarsten und imposantesten Polsterpflanzen. Hier finden wir die leuchtkräftigsten Farben wie etwa die dunkelvioletten Sorten „Dr. Mules" oder „Schloß Eckberg". „Moerheim" wiederum strahlt in einem bestechenden Hellrosa, und „Vesuv" besticht gar in knalligem Rot. Ebenfalls rot und besonders großblumig ist die Sorte „Vindictive"; das dunkle Purpurrot von „Mrs. Lloyd Edwards" möchte ich beinahe als vornehm bezeichnen. Die dunkelblaue Sorte „Drayton" sieht man sozusagen in allen Steingärten oder an Trockenmauern, und sie gehört zu den „Schnellwüchsigsten".

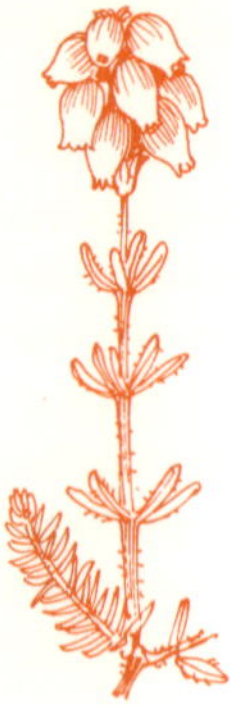

Erica (links) und Steinnelke – Dianthus „deltoides" – sind beliebte Pflanzen für den Steingarten

Dann denke ich an *Polsterphlox (Phlox subulata),* in vielen wirkungsvollen Pastelltönen blühend. Ich denke aber auch an rosablühenden *Gamander (Teucrium chamaedrys); Grasnelken* (Armeria maritima „Laucheana") mit leuchtend-roten Blütenköpfchen, die an Schnittlauchblüten erinnern; stark wachsenden, violettblauen *Günsel (Ajuga)* oder die buntblättrige Sorte Ajuga „Multicolor"; *Hauswurz (Sempervivum),* dessen Blattrosetten bei mir stets „Bergferienerinnerungen" wachrufen, wie dies auch bei den weichen, weißen Polstern der *Hungerblümchen (Draba)* der Fall ist. Die gelb-blühende Sorte „Sibirica" ist weniger bekannt, doch nicht minder hübsch.

Polsternelken, vor allem die *Steinnelken (Dianthus „deltoides",* eignen sich ebenfalls sehr gut, unsere Steingärtchen auch im Winter lieblich, frisch und gepflegt erscheinen zu lassen. Nicht vergessen darf ich das *Purpurglöckchen (Heuchera).* Es ist ein reizendes, feines Pflänzchen, das ich immer wieder gerne zu allerlei Zwecken verwende. Seine zarten und eleganten Blütenstände rufen auf Distanz keineswegs Knalleffekte hervor; aus der Nähe betrachtet, gehört das Purpurglöckchen zum Schönsten, was man sich denken kann. „Rakete" heißt eine neuere Züchtung davon, die scharlachrot blüht und ordentlich leuchtkräftig ist. „Pluie-de-feu" ist die bekannteste Heuchera; sie blüht in einem kräftigen Rot. „Flambeau" hingegen ist die robusteste Sorte; ihre Farbe kann als ein kräftiges Rosa bezeichnet werden.

Alle diese Polsterpflanzen behalten auch während des Winters ihr frisches, grünes Aussehen und gereichen jeder Gartenecke, jeder Trockenmauer, nicht zuletzt aber jedem Pflanzgefäß zur Zierde.

Die bekannten *Schafgarben* besitzen ebenfalls eine wunderhübsche Vertreterin unter den „Immergrünen", nämlich die Sorte „Achillea tomentosa", welche nicht höher als 15 bis 20 cm wird und dichte, grüne Polster bildet. Sie blüht erst ab Ende Mai, also dann, wenn das Blühfeuerwerk der meisten Polsterstauden verglimmt. Auch der weiße *Silberwurz* (Dryas „sendermannii") und der rosafarbene *Ziest* (Stachys „lanata") gehören unbedingt noch in diesen fröhlichen Reigen. Ein Reigen, zu dem Sie bereits jetzt den Taktstock heben sollten.

Von blühwilligen *Pelargonien,* im Volksmund auch *„Geranien"* genannt, sowie von *Fuchsien* können im August Stecklinge geschnitten werden. Kräftige Kopftriebe eignen sich dazu am besten! Man schneidet 12 bis 15 cm lange Stecklinge, nachdem man die noch vorhandenen Blüten und Knospen gründlich, aber sorgfältig entfernt hat.

Pelargonien sind schlechte Kallusbilder, und deshalb ist eine gute und schnelle Wurzelbildung oftmals in Frage gestellt. Schon mancher „Hobbygärtner" ist aus diesem Grunde bei der Stecklingsvermehrung von Pelargonien und Fuchsien „auf der Strecke" geblieben.

Die beste Erfahrung habe ich damit gemacht, indem ich die Enden der Stiele meiner Stecklinge vor dem Eintopfen in einen schwarzen Hormonpuder tauchte, der in allen Samengeschäften zu kaufen ist und zur rascheren und sicheren Bewurzelung dient.

Die großen Dolden der Schafgarbe – Achillea – geben Sommersträußen einen besonderen Akzent

Mit dieser Methode gelingt Ihnen dann bestimmt auch die Vermehrung von Fuchsien und anderen Pflanzen.

So wird's gemacht: Setzen Sie Ihre neuen „Schützlinge" ungefähr 3 cm tief an den Rand von Blumentöpfen, die Sie mit frischer Einheitserde und etwas Sand und Torfmull gefüllt haben. Sollten Sie der ganzen Sache immer noch skeptisch gegenüberstehen, dann gibt es noch einen kleinen Trick, der Ihnen mit

Bestimmtheit hilft, die letzten Hürden zum Ziel „auf Nummer Sicher" zu nehmen. Ich habe Ihnen schon bei der Rosenstecklings-Vermehrung von der Methode erzählt, wie Sie durch Aufstülpen eines hellen Glases über den Stecklingen, die sich darunter befindliche Luft spannen und somit die Jungpflanzen in eine Treibhausatmosphäre versetzen. Sobald sich auch hier die ersten neuen Triebe zeigen, dürfen Sie den „neuen" Pelargonien – oder was immer Sie heranziehen – diese Starthilfe wieder wegnehmen.

Wer weiß: Vielleicht entdecken Sie Ihren zweiten Beruf, jenen des „Mini-Treibhaus-Gärtners", der auch weibliche Interessenten vergnügt willkommen heißt.

Sitzen Sie momentan inmitten der schönsten, buntfarbigsten Dahlien? Sie wissen vermutlich längst, daß alle fleißig blühenden Blumen noch fleißiger und schöner blühen, wenn ihnen die verblühten Blumen fortwährend ausgebrochen oder weggeschnitten werden. Das gilt auch für die Dahlien.

Wehen Ihnen im lauen Sommerwind auch würzige Duftschwaden um die Nase? Das kann bestimmt nur der unverkennbar aromatische Wohlgeruch des *Lavendels (Lavandula)* sein, der uns in Gedanken über die weiten Strauchheiden des Mittelmeergebietes wandern läßt, wo dieses Ziergehölz in großen Kulturen gezogen wird. Aus den blütentragenden Stengeln wird ein ätherisches Öl destilliert, das in der Parfümindustrie viel und gern verwendet wird.

Lavendel läßt sich übrigens ausgezeichnet zwischen Rosen pflanzen, denn – genau wie die „Königin der Blumen" – liebt auch der Lavendel einen vollbesonnten Platz.

Wer Lavendel als Einfassungspflanze vorsieht, darf von der Heckenschere ohne weiteres Gebrauch machen; der Lavendel wird durch den Schnitt nur noch buschiger und kompakter. Einen besonders kompakten Wuchs hat die Sorte „Hidcote Blue" mit tiefvioletten Blüten; sie wird etwa 30 cm hoch. Eine sehr wertvolle Sorte, mit auffallend grauen Blättern und tiefblauen Blüten, ist „Munstead", die eine Höhe von ungefähr 40 cm erreicht. Und kennen Sie die Sorte „Rosea" (40 cm) mit ihren herrlichen, rosaroten Blüten schon? „Rosea" kennenzulernen lohnt sich jedenfalls.

Erst standen in meinem Garten nur drei Stöcke davon. Dann habe ich irgendwann, irgendwo gelesen, daß man zur Vermehrung dieser Pflanzen lediglich kürzere Zweiglein auszubrechen und dieselben direkt am gewünschten Ort in die Erde einzustekken hätte. Ich beherzigte diesen Rat und versuchte mein Glück. Der Erfolg ist denn auch nicht ausgeblieben. Bald hätte ich nämlich noch den Mittelmeer-Kulturen die Konkurrenz angesagt. Das ist zwar etwas übertrieben, doch für unsere klimatischen Verhältnisse stand ich mit der Zeit immerhin vor mehr Lavendelbüschen, als ich jemals gebrauchen konnte. Sie wurden unter Bäume, an die Böschung – und in allerhinterste Ecken verfrachtet; am allerschönsten nehmen sich diejenigen aus, die zwischen meinen „Schneewittchen"-Rosen gelandet sind – und jene, die bei meinen Nachbarn einen Untsrschlupf gefunden haben. Auch über Hecken und Zäune senden Sie mir heute noch ihre duftenden Grüße.

September

September – der erste Herbstmonat hat seinen Anfang genommen, und eine leise Wehmut will in uns hochsteigen; ein Gefühl des Abschiednehmens überkommt uns: Abschied von einem unwiederbringlichen Sommer, von verträumten Stunden auf einer schattigen Terrasse, hoch über den Dächern einer Stadt vielleicht. Abschied von lustigen Gartenfesten mit Freunden – oder von süßen Ferienerinnerungen, die so eng mit dem Sommer verknüpft bleiben, daß wir beinahe versucht sind, zu glauben, nichts sei dem Sommer mehr gleichzustellen.

Doch wann ist der Himmel bei schönem Wetter je so blau – und am Abend so golden wie jetzt – im September? Gönnen wir uns doch eine Ruhepause, und setzen wir uns gemütlich in den Liegestuhl.

Beschwingt schweifen unsere Blicke von einem Farbfleck zum nächsten: Zwischen den fröhlichen Ringelblumen entdecken wir ganze Heerscharen der bunten Kapuzinerkresse. Die dichten Büsche der „Sonnenbraut"-Stauden (Helenium) und des „Sonnenhuts" (Rudbeckia) scheinen in ernsthafte Konkurrenz mit den stolzen, gelben Sonnenblumen getreten zu sein; ihrer aller Gelb und Bronzebraun ist strahlend und sonnendurchflutet, wie der schönste Sommertag.

Neben den zarten Japananemonen erheben sich majestätisch und würdevoll weiße Silberkerzen (Cimicifuga), von den satten Farben der Astern und Dahlien vortrefflich untermalt. Das Finale des Sommers – im „Wonnemonat" September? Im „Wonnemonat"!

Absurderweise beginne ich von *Pfingstrosen* zu sprechen. Doch, ganz so absurd ist das auch wieder nicht. Denn wer noch keine Pfingstrosen in seinem Garten besitzt, sollte sich jetzt beeilen und diese Pflanze in seinen Garten holen. Bis „Majestät zu

Pfingstrosen – Paeonia – sind wahre Blühwunder, wenn sie richtig behandelt werden

blühen beliebt", kann es ohnehin zwei bis drei Jahre dauern. Auch Pfingstrosen, die groß und mächtig geworden – und deshalb geteilt sein möchten, rächen sich oftmals für diesen notwendigen Eingriff, indem sie uns blütenlos durch das nächste Jahr begleiten, um dann aber im folgenden Frühsommer, frisch erholt und munter, wieder herrliche Blumensträuße zu liefern.

Junge Pfingstrosen müssen sorgfältig eingepflanzt werden, und zwar so, daß die Wurzelkrone bestenfalls mit 5 cm Erde bedeckt ist. Vorsorglicherweise bekommt die Pflanze im ersten Jahr auch einen Winterschutz aus Tannenästen oder einer dicken Laubschicht. Später wird das nicht mehr notwendig sein.

Wußten Sie, daß Pfingstrosen strenggenommen zur Familie der „Hahnenfußgewächse" gehören, also Verwandte der Anemonen, Christrosen, der Akelei und des Rittersporns sind? Heute werden die Pfingstrosen meist als eigene Familie gewertet, nämlich als jene der „Paeoniaceae", wovon wir etwa 30 Arten der Gattung „Paeonia" kennen. Als älteste wäre Paeonia „officinalis" zu nennen, welche in Südeuropa zu Hause ist und schon im Altertum als Heilpflanze verwendet wurde. Aus Ostasien kommen die meisten Vertreterinnen der Pfingstrose, so unter anderen auch die köstlich duftende Paeonia „lactiflora" aus China, auf die sehr viele Kulturformen zurückgehen, die aber, in unseren Gärten leider noch recht selten, einen triumphalen Einzug halten konnte. Das Blattwerk der Pfingstrosen kann sehr unterschiedlich sein, insbesondere jenes der ostasiatischen Vertreterinnen. Hier finden wir stark gezahnte, skurril gerundete Blätter, die so dicht wie prall gemästete Blütenkelche als modisch differenzierte Halskrause umschmeicheln. Wer diese Pflanzen jemals blühen sah, *muß* sie besitzen.

Doch kommen wir nochmals schnell auf ihre Verwandte, die *Christrose* zurück, deren kostbare Blütezeit schrittweise näherrückt. Geben wir ihr deshalb einen letzten, wohlproportionierten Düngerguß. Ihr Lohn an uns wird dann gewiß nicht ausbleiben.

Auf meinem September-Kalenderblatt steht jeweils auch ein dicker, roter Punkt, der mich daran erinnern soll, den verführerisch-schönen *Islandmohn (Papaver nudicale)* noch schnell auszusäen, obwohl man dies auch schon im August hätte erledigen können. Man streut die Samen dieser grazilen Frühlingsblume direkt an Ort und Stelle aus – und überläßt alles weitere dem Wetter.

Jetzt ist auch allerletzter Saattermin für die lieblichen, himmelblauen *Vergißmeinnicht (Myosotis).* Ganz Schlaue betten jetzt zuerst die Zwiebeln von Tulpen, Hyazinthen, Osterglocken und Narzissen sorgfältig im Boden ein – und streuen den Vergißmeinnichtsamen frisch-fröhlich dazwischen. Die zarten Himmelblauen verbinden die etwas streng-straffen Gruppen der Zwiebelgewächse auf adrette und duftige Art.

Christrose – Helleborus niger

Anemone „blanda", eine der vielen Sorten dieser farbfreudigen Pflanze

Wie gesagt: der September ist der beste Monat zum Einsetzen der vielen Blumenzwiebeln, denn sie alle lieben es, in noch warmer Erde anwachsen zu dürfen. Als Dank für diese Fürsorge beschenken sie uns im Frühling mit besonders schöner und reicher Blütenfülle.

Die Auswahl unter den Tulpen, Hyazinthen, Narzissen und Osterglocken ist beinahe nicht zu übersehen. Ebenso meine ich, es gäbe von Jahr zu Jahr immer noch mehr „Neue" bei den Krokusschönheiten.

Mir liegen nebst diesen beinahe obligatorischen Frühlingsblumen besonders auch die kleinen „Zarten", eher „Unscheinbaren" sehr am Herzen. Vor allem sie sind es ja, die den Taktstock zur glanzvollen Ouvertüre des „neuen Blumenjahres" heben.

Der gelbe *„Winterling" (Eranthis hiemalis)* erscheint eigentlich stets als erster Frühlingsbote; er ist eine Art „Kurier des Frühlings". Unter Nadelhölzern präsentiert er sich uns am wirkungsvollsten. Doch was paßt nicht noch alles zu Nadelhölzern? *Vorfrühlingskrokusse* vielleicht, die aus einer einzigen Zwiebel gleich mehrere Blüten hervorzaubern und sich von Jahr zu Jahr immer noch üppiger vermehren. Crocus Chrysanthus „Snowbunting" ist elfenbeinweiß; „E. P. Bowles" ist gelb mit attraktiver zinnoberroter Narbe; „Susianus" ist tief goldgelb und außen dunkelbraun gestreift. Die zart lilafarbenen „Sieberi" mit gelbem Blütengrund – und die ebenso zart lilafarbenen „Tommasinianus" haben es mir ebenfalls sehr angetan; ihnen will ich unbedingt noch die dunkelvioletten „Whitewell Purple" beigesellen, welche sich durch ungemein zierlichen Wuchs auszeichnen.

Nicht vergessen darf ich den graziösen und anspruchslosen *Schneeglanz (Chionodoxa),* der ebenfalls kaum höher als 10 cm wird, und den es neben einem feinen Hellrosa noch in Tiefblau sowie in Lavendelblau oder gar leuchtendem Enzianblau gibt.

Für den Steingarten notiere ich mir die bezaubernden *Saphiranemonen* (Anemone blanda atrocoerulea) – und dazu als leuchtend hellgelbes Gegenstück *Iris „Danfordiae",* welche wie die violettblauen *Iris-„Reticulata"*-Sorten nur 10 cm hoch werden.

Der *Hundszahn* ist leider ein viel zu wenig bekannter Frühlingsblüher. Seine wunderschön marmorierten Blätter gereichen einem Steingärtchen zur vollendeten Zierde. Die tulpenähnlichen Blüten sind von feinstem Rosa mit Weiß überhaucht, und wenn Sie nach *„Erythronium dens canis"* mit der Zusatzbezeichnung „Rosakönigin" fragen, so steht ab nächstem Frühjahr der Hundszahn auch in Ihrem Garten. Der Hundszahn ist übrigens sehr dankbar, wenn ihm als Winterschutz eine Laubdecke oder Tannenzweige angeboten werden.

Dasselbe gilt für die *Gewitterblume,* die ihre großen, krokusartigen, schwefelgelben Blüten jetzt bald, nämlich im Oktober, öffnet. Sie stammt aus dem Mittelmeergebiet, wird ebenfalls nur 10 cm hoch, und ihr botanischer Name lautet *„Sternbergia lutea".*

Um eine wirklich gute Farbwirkung zu erzielen, werden alle diese Kleinpflanzen vorteilhafterweise stets in Gruppen von mindestens 25 bis 50 Stück gepflanzt, und als Faustregel gilt:

Alle Blumenzwiebeln stets doppelt so hoch mit Erde bedecken, als sie selber hoch sind! !

Hundszahn – Erythronium

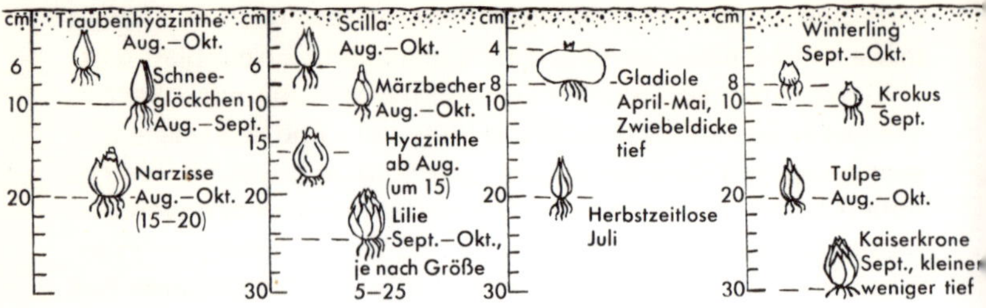

So tief soll man die verschiedenen Blumenzwiebeln pflanzen

Damit ich den „Wonnemonat" September auch in meiner Stube genießen kann, werde ich nun einen dicken Strauß bunter Dahlien für die Vase schneiden. Mag es auch beinahe etwas brutal und unglaublich klingen: Ich stelle diese etwas „zerbrechlichen" Blumen in recht heißes Wasser – und der Erfolg? Sie halten sich dann viel länger frisch.

Bei trübem Wetter – ich muß es gestehen – denke ich manchmal gleichwohl wehmütig an die langen Monate, die mir den Garten „wegnehmen"; die mich der köstlichen Stunden berauben, wo ich in der Erde wühlen kann, ausgraben und umpflanzen darf, wegschneiden und jäten muß . . . oder wo ich mich vielmals auch nur faul und träge im Liegestuhl ausstrecke, um die Kulisse meiner geliebten Gartenarbeit zu genießen und – um zu träumen. Es sind dann aber jeweils Träume, die mich recht bald wieder aufjagen und mich zwingen, erneut mit Hacke, Spaten, Bindfaden und Gartenschere zu hantieren, wobei der Teufelskreis sehr bald geschlossen wäre: ich kann, darf, muß – und will. Ja, ich will nämlich wühlen, graben, umpflanzen, wegschneiden und jäten. Nach Herzenslust sogar.

Und so bin ich denn soeben aus meiner Liegestuhlsiesta hochgefahren, habe mich mit Blumenzwiebeln-Katalogen, Notizblock und Bleistift bewaffnet – und notiere:

Trompetennarzissen kann ich noch einige Dutzend gebrauchen; sie gehören zu den wenigen Zwiebelgewächsen, die sich ausgezeichnet zum Verwildern eignen und die tatsächlich auch jedes Frühjahr getreu – und nicht wenig stolz – wiederkehren.

Der bescheidene „Narcissus pseudonarcissus" der Juraweiden ist der eigentliche Stammvater dieser, nun zu Recht „stolzen" und meist sehr großblumigen Edelsorten.

Nach den langen, grauen Wintermonaten kann ich es meistens kaum erwarten, bis sich in meinem Garten und in den Pflanzgefäßen auf dem Balkon die ersten Blümchen hervorwagen. Und deshalb kommen für mich nur „frühblühende" Sorten in Frage. Sie blühen denn auch wirklich in den ersten Frühlings-, ja manchmal sogar Vorfrühlingswochen, gerade dann also, wenn ich meinen „Gartenhunger" beinahe nicht mehr besänftigen kann. Und um diesen Hunger wirksam zu stillen, eignet sich die Farbe Gelb besonders gut. Deshalb sehe ich jetzt – in der warmen Septembersonne sitzend – in meinem Geiste bereits leuchtende Tuffs goldgelber Trompetennarzissen, die sich in der Aprilsonne wiegen. Damit aber meine diesbezüglichen Wünsche uneingeschränkt in Erfüllung gehen, wähle ich die Sorten „Erntegold" (Golden Harvest), „Rembrandt" und „Goldmedaille".

Ganz nahe bei meinem Gartensitzplatz will ich es einmal mit den – erst seit kurzem im Handel aufgetauchten – *Rosanarzissen* versuchen. Ihr Blütenblätterkranz ist weiß, die Krönchen jedoch schmücken sich in Rosa- und Aprikosentönen. Aus der Nähe betrachtet, wirken diese Blumen duftig und apart und sind auch in der Vase etwas Besonderes. Die eleganten Blüten duften zudem wundervoll nach Veilchen, was mich zwar verwundert, denn ich liebe den herben, beinahe betäubenden Narzissenduft und bin eher der Auffassung, daß Rosen nicht nach Nelken, Hyazinthen nicht nach Birnen – und somit Narzissen nicht nach Veilchen duften sollten. Dennoch: ich notiere mir auf jeden Fall „Louise de Coligny"; so nennt sich diese Vornehme nämlich.

Nicht nur „vornehm" – beinahe einer Orchidee ähnlich – möchte die „Golden-Orchid"-Narzisse sein; ihre gespaltene Trompete ist neu und originell zugleich, und so darf auch diese Neuheit im nächsten Frühjahr ihr Debüt in meinem Garten geben. Ob sie sich verwildern läßt, also wiederkehrt, weiß ich leider noch nicht. Doch, angenehme Überraschungen sind mir im Garten jederzeit herzlich willkommen.

Ich merke schon: meine Träume beginnen mich fortzutragen; es ist höchste Zeit, sich den Realitäten zuzuwenden. Wie kann ich mich momentan immer noch am unentwegten Blühen mei-

Golden-Orchid-Narzisse

ner „Multiflora-maxima"-Knollenbegonien freuen. Sie scheinen mit ihrem Blüheifer immer noch höheren Zielen zuzustreben, denn fortwährend setzen sie neue Knospen an, und auch im Hinblick auf den sonst bei Begonien so sehr gefürchteten Mehltau, haben sie gehalten, was man in allen Reklamen von ihnen behauptet: sie sind tatsächlich enorm „mehltauresistent", denn während des ganzen Sommers wurden sie überhaupt nie von dieser üblen Seuche befallen.

Nur eine einzige Gruppe dieser sonst unermüdlich blühenden Pflanzen verhält sich gänzlich still. Keine Blüte, geschweige denn neue Knospen zieren das klägliche Blattwerk, und ich schäme mich beinahe, wenn ich vor diesem Grüppchen stehe, um nachzusehen, ob nicht doch noch ...

Ich weiß: Begonien haben „durstige Seelen", und der nasse Sommer hat bewirkt, daß jene Gruppen, die sich in Beeten, zwischen den Rosen und unter aufrecht wachsenden Sträuchern ausbreiten durften, dank der etwas schattenspendenden Nachbarspflanzen genügend Feuchtigkeit im Boden speichern konnten, so daß sie meiner Vernachlässigung mit „Zusatz-Gießkannen-Portionen" tapfer standgehalten haben. Das kläglichstumme Grüpplein hingegen steht am oberen Rande meiner Böschung, und dort ist das Regenwasser offenbar viel zu schnell abgeflossen und versickert. Damit wurden die Knollenbegonien um ihr lebensnotwendiges Naß betrogen. Sie belohnen mich nun auf ihre Weise.

Es bleibt mir nun gar nichts anderes übrig, als die Knollen sorgfältig auszugraben und in Torfmull einzuschlagen, um hier freien Platz zu schaffen, denn ich hoffe immer noch auf einige wenige „Gartenwochen" und kann somit diese unfreundliche Blühlücke neben meiner Legföhre nicht noch länger hinnehmen. Ganz nahe dabei stehen dichte Büsche der niedrigen, lilarosafarbenen *Fetthenne (Sedum telephium)* und eine blütenübersäte *Strauchmalve (Lavatera olbia).* Was liegt da näher, als noch schnell *Herbstzeitlosen* zu pflanzen. Wenn ich die Zwiebelchen der beiden Sorten „Colchicum bornmuelleri" oder „Colchicum speciosum" bis spätestens Mitte September in den Boden gesteckt habe, dann blühen sie bereits vier Wochen später.

Worauf warte ich noch? Es eilt: ich muß schleunigst solche Blumenzwiebeln haben – mit dem Resultat, daß ich nicht nur Herbstzeitlosen eingekauft, sondern auch noch einen unbeschreiblich schönen Spätsommerstrauß mit nach Hause getragen habe.

Sind Sie nicht auch schon entzückt vor Vasen gestanden, in denen zierliche, orangefarbene Blumen standen, die an langen Stielen mit schwertförmigen Blättern sitzen?

Momentan findet man diese lieblichen, leise nickenden Blumensträuße überall und – Sie haben es bestimmt längst erraten –

Montbretien (links) sind die zarteren Verwandten der . . . . . . bekannten Gladiolen

ihr Name lautet *Montbretia,* in der Mehrzahl natürlich Montbretien. Es sind ganz nahe Verwandte der Gladiolen, die ihren zarten und weniger aufdringlichen Familienmitgliedern den Rang buchstäblich streitig machen. Auch sie lachen uns in Gärten und Blumengeschäften entgegen; wer kann da widerstehen? Die satten Farben ihrer Blüten sind berauschend, beinahe so, als hätte der ganze Sommer eingefangen werden müssen.

Im Frühsommer beherrschen die majestätischen Schwertlilien eine Zeitlang das Feld, und nun übergeben wir das Zepter gerne den roten, orangeroten, rosa- und lachsüberhauchten, gelben und weißen *Gladiolen.* Wir wundern uns vielleicht lediglich darüber, daß auch die Gladiolen recht nahe Verwandte der Schwertlilien und natürlich auch der Montbretien sind. Schwertlilien besitzen radiäre Blüten; Gladiolenblüten haben jedoch nur eine Symmetrieebene. Das ist immerhin ein wesentlicher Unterschied, der aber keinerlei Bedeutung hat, wenn man mit diesen Blumen – ihrer Schönheit wegen – lediglich die Vasen füllen möchte, finden Sie nicht auch?

Die Riesengladiolen der Blumengeschäfte, die als „Genter"-Gladiolen (Gladiolus gandavensis) bezeichnet werden, sind aus Kreuzungen südafrikanischer Arten entwickelt worden, die selbst aber durchwegs viel kleinere Blüten treiben. Die eigentlichen Stammarten sind Gladiolus „cardinalis" mit etwa 5 cm großen, scharlachroten Blüten, die auf den drei nach unten weisenden Blättern helle, dunkel gesäumte Längsflecken tragen; sowie auch Gladiolus „psittacinus", in deren karminroten Blüten sich die drei oberen Blätter zu einem Helm zusammenneigen, während sie bei der erstgenannten Stammform ausgebreitet sind.

Es gibt übrigens rund 250 Arten in dieser Gattung, wozu auch noch die Freesien gehören – und mehr als die Hälfte sind in Südafrika beheimatet; die meisten anderen gehören hingegen dem Mittelmeerraum an.

Mit etwas Glück können Sie als große Seltenheit auf feuchten Wiesen hin und wieder dem „Siegwurz" begegnen. Nur zwei als „Siegwurz" bezeichnete Arten kommen in Mitteleuropa wild vor, und zwar sind es Gladiolus „paluster" und „imbricatus". Es sind halbmeterhohe Stauden, deren Blütenstand nach einer Seite hin drei bis sechs violett-rote Blüten von etwa 3 cm Länge trägt. Die Knollen dieser Gladiolenart sind von einem Gitternetz aus alten

Blattfasern eingehüllt, das an ein Panzerhemd erinnert, was wiederum auch der Grund dafür sein könnte, weshalb man diese Knollen früher als Amulette mit sich herumtrug; sie sollten vor Verwundungen schützen! Die Bezeichnungen „Siegwurz" oder „Allermannsharnisch" stammen aus dieser Zeit und verraten eigentlich deutlich genug, was man von diesen Amuletten erwartete ...

Für mich sind *Sonnenblumen* der Inbegriff des Sommers! Bei ihrem Anblick scheint für mich auch die Sonne, wenn es draußen einmal regnen sollte. Ich habe mich deshalb schon oft gefragt, wie die Leute früher einen Sommer wohl empfunden haben, der ohne diese majestätischen Sonnenkinder auskommen mußte. Die Sonnenblumen stammen nämlich aus dem südwestlichen Teil Nordamerikas und sind erst Ende des 16. Jahrhunderts aus Mexiko über Spanien zu uns gekommen. Und erst seit dieser Zeit haben wir auch mit den vielen Verwandten von ihnen, zum Beispiel den hohen, fröhlichen und meist leuchtend-gelben Rudbekkien, sowie den unzählig vielen Dahlien- und Zinniensorten Bekanntschaft gemacht, wenn nicht ausgesprochen Freundschaft geschlossen. Eine so enge Verwandtschaft vermutet man sicher am wenigsten bei den meist pastell-rosafarbenen, aber auch weiß, orange bis dunkelrot gefärbten Cosmeen und dem tiefgelben Mädchenauge (Coreopsis), deren beider Blattwerk fiedrig-zart und so ganz anders geartet ist, als dasjenige der Sonnenblumen, Rudbeckien, Dahlien und Zinnien ...

Beim Anblick von Sonnenblumen prägte Uhland folgenden lyrischen Gedanken:

„Die Welt wird schöner mit jedem Tag, man weiß nicht was noch werden mag, das Blühen will nicht enden!"

Und tatsächlich will das Blühen der Sonnenblumen nicht eher enden, als bis Nachtfröste dem Sommer befehlen, endgültig das Feld zu räumen.

Wir aber holen uns den Sonnenschein und den Blütenreichtum ins Haus und füllen recht tiefe und standfeste Gefäße mit einem Riesenstrauß dieser Pflanzengeschöpfe. Dabei kommen wieder einmal unsere Bodenvasen zu ihrem Recht, die oft seit dem Frühling nicht mehr mit Wasser gefüllt wurden.

Gladiolen passen ausgezeichnet zu Sonnenblumen, sofern

Sonnenblumen – Helleborus

man zum warmen Gelb noch ein Scharlach- oder Dunkelrot zufügen möchte.

Mir selber passen verschieden lang geschnittene Sonnenblumen ohne weitere Blumengesellschaft eigentlich viel besser. Um diesen dickstieligen und schweren Pflanzen einen guten Halt in der Vase zu verschaffen, forme ich aus grobmaschigem Drahtgitter einen ganz lockeren Ball und lege dieses Gebilde auf den Grund der Vase. Im Maschengitter finden die Stiele der Sonnenblumen einen guten Halt und kippen garantiert nicht um. Verwenden Sie nach Möglichkeit einen rostfreien Maschendraht; Sie ersparen sich damit manchen Ärger und müssen sich nicht mit Rostfleckenputzen abmühen.

Nicht vergessen darf man, daß Sonnenblumen große Wassermengen verzehren; der Wasserstand der Bodenvase sinkt sehr rasch ab und sollte vorsorglicherweise täglich ergänzt werden. Schlaffe Blätter bedeuten höchste Alarmstufe. Schnelles Handeln nützt aber meistens noch, das sei wenigstens zum Trost gesagt.

Man sollte es sich eigentlich zur Gewohnheit machen, den Eßtisch zu jeder Jahreszeit, zu jedem Essen, also täglich – mit Blumen zu schmücken. Sind Gäste geladen, dann richten wir den Tisch ohnehin festlich und hübsch her; für uns selber aber nehmen wir uns diese Mühe nicht immer. Das ist doch eigentlich schade, vor allem im Herbst, wo unsere Aufenthalte im Garten, auf der Terrasse oder rund ums Haus immer seltener werden.

Noch überall blühen die effektvollen Dahlien, deren Zukunft für Vasen und Schalen eigentlich erst in den letzten Jahren so richtig begonnen hat. Der Grund für diese Behauptung ist darin zu suchen, daß die neueren Dahliensorten viel kräftigere Stiele besitzen und man dank der „Ikebana"-Blumensteckkunst auch bei uns dazu übergegangen ist, langstielige Blumen rigoros zu kürzen, was besonders der Dahlienblüte zugute kommt. Der Wasserweg zur Blüte ist bei kurzgeschnittenen Blumen wesentlich kürzer; sie sind dadurch viel leichter, vor allem aber viel länger frisch zu halten.

Kommen Sie: Wir stecken zusammen eine herbstliche Tischdekoration mit Blumen, wie sie uns der Garten liefert.

In eine Blumenschale oder in ein anderes flaches Gefäß kommt zunächst ein Stück gut durchfeuchtetes Kunstmoos, das bis zum Schluß nicht mehr sichtbar sein sollte. Dazu steckt man den Kunstmooswürfel gleich zu Beginn des Arrangierens mit Blattwerk ab und läßt später aus dieser grünen Basis die einzelnen Blüten heraus-„wachsen". Damit wir aber ein recht attraktives Blumenarrangement bekommen, sollten nun die Blüten nicht etwa nacheinander und nebeneinander in der Steckmasse untergebracht werden; man geht etwa folgendermaßen ans Werk:

Drei Blüten von unterschiedlicher Länge werden in die Mitte des Kunstmoosblockes gesteckt, und zwar so, daß jede einzelne Blüte voll zur Geltung kommt. Danach kommen weitere, sehr kurzstielige Blüten dazu, und es hilft Ihnen vielleicht die Vorstellung, das Arrangement besäße einen bestimmten Mittelpunkt, in dem alle Stiele zusammenlaufen, als kämen sie aus einer gemeinsamen Wurzel. Keinesfalls sollte man vergessen, daß auch Kunstmooswürfel austrocknen und demzufolge immer wieder Wasser nachgefüllt werden muß.

Zu Dahlien passen beispielsweise wenige Zweiglein eines weißen Schleierkrautes und himmelblaue Skabiosen, die neben den kräftigen, sattfarbenen Dahlien einen zarten Akzent zu setzen vermögen.

Ein phantastisch wirkungsvolles Arrangement ist mir in bester Erinnerung geblieben. Vor einigen Blutbuchenzweigen strahlten goldgelbe Sonnenblumen und einige Goldruten sowie wiederum ganz kurzgeschnittene, orangefarbene Dahlien. Das wäre allerdings eher ein Blumenarrangement auf einem ungedeckten Tisch, weil es umfangreich und sehr üppig ausfallen wird.

Zart und leicht wirken duftige Cosmeensträuße, welche mit einigen Zweigen der lilablauen Bartblume wundervolle Effekte vollbringen.

Rudbeckien, weiße Herbstanemonen und feurig-rote Zinnien oder Pompondahlien werden ihre entzückende Wirkung ebenfalls nicht verfehlen, ganz zu schweigen von den „herbstlich-getönten" Chrysanthemen, von denen es großblumige für die Bodenvase sowie viel- und kleinblumige in den verschiedensten Formen und Farben für jeglichen Wunsch gibt und mit denen man sich im „Blumenstecken" förmlich austoben kann ...

Und noch etwas: Nährsalztabletten für Schnittblumen sind keine Illusion, wenn man daran eine längere Haltbarkeit der Blumen knüpft. Neben Tabletten sind auch sehr wirksame Flüssigdünger für Schnittblumen im Handel.

Kehren wir unseren Blumendekorationen noch einmal kurz den Rücken; vielleicht zeichnet sich für Sie nochmals eine Gartenarbeit ab, wenn ich Ihnen folgendes erzähle:

Ein Besuch in der Gräfin Zeppelin'schen Gärtnerei in Laufen (Müllheim) hat mich nämlich für eine Pflanze bekehrt, von der ich bis dahin glaubte, daß sie mein Herz niemals erobern könnte. Nun wurde ich von ihrer Schönheit geradezu überrumpelt, und

Chrysanthemen blühen bis spät in den Herbst

Taglilie – Hemerocallis

zwar so sehr, daß ich wußte, es könnte mich niemand davon abhalten, dieser Betörerin – der *Taglilie (Hemerocallis)* – Tür und Tor zu meinem Garten weit zu öffnen.

Diese Pflanze stammt ursprünglich aus Ostasien. Über einer Rosette von langen, schmalen Blättern trägt sie – je nach Sorte – vom Mai bis in den Herbst hinein, an beinahe ein Meter hohen Stengeln, hinreißend schöne Lilienblüten.

In Amerika haben die „Hemerocallis", mit den bei uns ebenfalls vernachlässigten Iris (Schwertlilien) zusammen, einen wahren Siegeszug angetreten. Sie sind dort schon seit längerer Zeit in großer Mode.

Diese wunderschönen und widerstandsfähigen Taglilien passen nun tatsächlich in jeden Garten, denn selbst mit vernachlässigten Plätzen zwischen hohen Sträuchern, wo sonst kaum etwas Hübsches blühen wird, sind sie zufrieden. Vor allem die zarteren Farben dieser Blumen sind für Halbschatten sogar sehr dankbar.

Taglilien haben keine besonderen Kulturansprüche; ein kräftiger Gartenboden, der gelegentlich feucht, auf keinen Fall aber dauernd naß sein darf, ist das Richtige für sie.

Auch sollten die Hemerocallis eigentlich viele Jahre ungestört bleiben, weshalb es wichtig ist, sie schon am Anfang weit genug auseinander zu pflanzen! Je nach Sorte dürfte ein Abstand von ungefähr 60 bis 90 cm gerade richtig sein.

Taglilien vertragen volle Sonne, aber auch leichten Schatten, wobei hauptsächlich der Boden um sie herum leicht beschattet sein sollte.

Wenn die Taglilien einmal gepflanzt sind, hat man mit ihnen wirklich nichts mehr zu tun . . . und das will in punkto Anspruchslosigkeit doch etwas heißen.

Wie der Name bereits andeutet, verwelkt die Einzelblüte meistens schon nach einem Tag; doch öffnen sich täglich – und dies während vieler Sommerwochen – immer wieder neue Blüten. Es mag gar scheinen, die Pracht werde kein Ende mehr nehmen.

Auch die herrlichen Farben der heutigen, modernen Taglilien mögen verblüffen. Kannten wir bis anhin doch lediglich gelb-, orange- oder bräunlich-getönte Sorten, so ist es nicht wenig erstaunlich, daß nun prachtvolle Rottöne bei diesen Pflanzen zu finden sind.

Eine der besten unter den „Roten" ist „Crimson Glory"; die Blüten haben einen Seidenglanz, und die ganze Pflanze wird ungefähr 120 cm hoch. Nur 70 cm hoch wird die eher kleinblumige und sternförmige „Crimson Pirate", deren leuchtendes, klares Rot herrliche Akzente setzt. Von ungeheurer Leuchtkraft ist auch die reinrote „Display" (90 cm) mit nicht sehr großen Blüten – oder die zuverlässige und wüchsige „The Doctor" (80 cm), welche sich in ein tiefes Scharlachrot kleidet.

Edelgeformte Blüten in kühlem Orchideenrosa mit seidigem Schimmer bietet uns „Evelyne Claar" (75 cm); und von ganz eigenartigem Zauber ist die einheitlich rosafarbene „Pink Damask" (80 cm). Ihre Blüten sind nur mittelgroß, doch wer sie jemals blühen sieht, wird unweigerlich in ihren Bann gezogen: lachsiges Flamingorosa, das im Verblühen in ein richtiges Babyrosa übergeht.

Unter den vielen Hemerocallis-Sorten finden wir auch immergrüne Arten, wie beispielsweise die großblumige, rein hellgelbe „Mrs. B. F. Bonner" oder „Naranja", deren sehr große, tief orangefarbene Blumen in der Form an Amaryllisblüten erinnern.

Die großen und eleganten Blüten von „Felicity" sind von schönstem, weichem Hellgelb. Diese Sorte hat reichverzweigte Stiele, eine besonders lange Blütezeit – und sie duftet erst noch lieblich.

Die orangegelbe „High Noon" ist sogar mit der „Stout Medal" – der höchsten Auszeichnung in den USA, die jährlich nur an eine einzige Sorte vergeben wird – ausgezeichnet worden.

Die Raffinesse der Farben und Blütenformen der „modernen"

Hemerocallis ist beinahe nicht in Worte zu fassen, und ich möchte wetten, auch Sie werden meiner Begeisterung zustimmen, wenn Sie sich erst einmal mit dem Riesensortiment der bezaubernden Taglilien befassen. Denn noch ist es nicht zu spät, Ihren Garten im kommenden Jahr mit diesen dankbaren Blumen zu bereichern: Die beste Pflanzzeit dafür ist der Herbst – vom September bis Anfang November.

Auch für die Balkongärtnerei eignen sich vor allem die immergrünen Tagliliensorten. Nur sollten für solche Zwecke niemals zu eng bemessene Pflanzgefäße verwendet werden; entweder vertrocknen die Pflanzen darin, oder sie erleiden im Winter den Erfrierungstod. Und solche „Tragödien" vermeidet ein richtiger Naturfreund selbstverständlich von vornherein.

Oktober

Der Oktober ist für den Gartenfreund einer der wichtigsten und arbeitsreichsten Monate des Jahres, denn jetzt gilt es, die letzten Pflanzenlücken auszufüllen, neue Sträucher und Bäume anzusiedeln und letzten Endes auch eine Lösung zu finden, wie man sich gegen unerwünschte Einblicke schützt, sich also eine Art persönliches Refugium schafft, indem man einen sogenannten *Sichtschutz* pflanzt.

Thujahecken in Ehren; aber ich bin nach wie vor der Auffassung, daß es mehr als genug Pflanzen gibt, welche diese Aufgabe ebensogut übernehmen könnten, in ihren Eigenschaften jedoch wesentlich lockerer, also weniger steif – und vielfach sogar ebenfalls „immergrün" sind, andernfalls aber im Frühjahr ein liebliches Blütenkleid und im Herbst sogar Früchte tragen, die teilweise eßbar sind. Dies würde auch unseren Kindern wesentlich mehr Freude bereiten, als düster und straff zum Himmel ragende Thujahecken.

Ausgesprochene Thujafreunde mögen mich bitte entschuldigen. Sie werden mir entgegenhalten, daß man Thujahecken nach jeglichem Bedarf schneiden kann, und ich erlaube mir, zu behaupten, daß man dies ebensogut mit vielen, sich ausgesprochen zu den Ziergehölzen zählenden Pflanzen tun kann. Und erst in diesem Falle empfinde ich eine Schutzhecke auch als „Zierde" ... und nicht als Alptraum.

Ich denke dabei nicht nur an Verhältnisse, wie sie bei Einfamilienhäusern oft zu finden sind, obwohl gerade hier ein „persönliches Refugium" besonders sinnvoll wäre. Für solch knapp bemessene Platzverhältnisse kann man mit etwas Phantasie prachtvolle Lösungen anstreben, die auch den Nachbarn mehr freuen – als ärgern werden.

Denken Sie zum Beispiel an die feinlaubigen *Fingersträucher*

(Potentilla), welche zu den dankbarsten, straff aufrechtwachsenden Sommerblühern zählen. Sie werden nicht höher als meine Erzfeinde – die Thujas, und man kann auch Fingersträucher nach Wunsch schneiden. Ihr Blütenreichtum ist sagenhaft: Weiß oder Gelb, in jüngster Zeit sogar noch von einem Orange bereichert; die orangefarbene Sorte nennt sich „Tangérine".

Bei den *Schneeball*-Sträuchern gibt es ebenfalls viele Sorten, von der Zwergform bis zum baumartigen Strauch, und diese Gehölze zeichnen sich meist noch durch prächtigen Beerenschmuck und herrliche Herbstfärbung aus.

Wer das Glück hat, seinen Nachbarn nicht unmittelbar „auf der Nase" zu haben, jedoch trotzdem eine Sichtschutzhecke anstelle einer sonst üblichen Umzäunung pflanzen möchte, den darf ich vielleicht auf folgende Gehölze aufmerksam machen, die sich durch reiches Blühen im Frühjahr, durch eine intensive Herbstfärbung oder durch auffallend schönen Fruchtschmuck auszeichnen: den immergrünen *Feuerdorn (Pyracantha),* welcher sich im Herbst besonders durch seinen prachtvollen Beerenschmuck ins Blickfeld setzt, der zur glänzend-grünen Belaubung in fabelhaftem Kontrast steht; der strauch- bis baumartige *Feldahorn (Acer campestre),* der jeden Schnitt verträgt und eine leuchtend goldgelbe Herbstfärbung bekommt; die stachligen, immergrünen *Berberitzen,* welche besonders auch als Bienenweidepflanzen und Vogelschutzhecken bekannt sind, was übrigens auch für die *Haselsträucher (Corylus)* und die *„Kätzchen"-Weiden (Salix)* zutrifft.

Bei den „Haselnüssen" ist die Sorte „avellana" der bekannte sommergrüne, großlaubige Strauch, und eine besonders wertvolle Art ist die dekorative, dunkelrot belaubte Sorte „Fuscorubra".

Wer sich für „Kätzchen"-Weiden als Sichtschutz- oder Abdeckhecke verführen läßt, dem würde ich zu der Sorte „daphnoides pomeranica", auch „Reifweide" genannt, raten. Sehr dekorativ sind die zuerst blutroten, später schwarzen Kätzchen der Sorte „Salix kurome", welche sich zu einem buschigen Strauch von ungefähr 2 Meter Höhe auswächst. Die „Purpurweide" (Salix purpurea) ist wiederum ein schlanker Strauch mit rotbraunen Trieben und langen, schmalen, olivgrünen Blättern. Die Auswahl unter den Weiden ist so groß, daß für alle Zwecke geeignete Sor-

Fünffingerstrauch – Potentilla – links) und Schneeball – Viburnum – sind besonders dankbare Blütensträucher

ten zu finden sind – und nicht zu vergessen: Weiden können ebenfalls nach Herzenslust geschnitten werden.

Daß sich *Strauchrosen,* vielleicht sogar in Verbindung mit Nadelhölzern, ausgezeichnet als Sichtschutzhecken eignen, muß ich gewiß nicht überlaut betonen. Da auch Rosensträucher im Herbst gepflanzt werden können, wäre es die Überlegung wert, ob nicht just Strauchrosen das angestrebte „Refugium" schaffen. Strauchrosen blühen oft während des ganzen Sommers; das ist ihr erstes Plus. Im Herbst verlieren sie zwar die Blätter, machen diesen Mangel bei vielen Sorten aber wieder wett, indem sie ihren winterlichen Fruchtschmuck, in Form pummeliger Hagebutten, voll zur Geltung bringen.

Der Feuerdorn – Paracantha – gehört zu den immergrünen Sträuchern

Wer jetzt Ziergehölze pflanzt, liebäugelt bestimmt mit Sträuchern, die im Frühjahr bereits in dichtester Blütenfülle stehen. Wir erwarten spätestens im April oder Mai weiße, gelbe oder rosarote Knalleffekte. Vermutlich hat auch der Nachbar links und der Nachbar rechts so gedacht, weshalb im Frühjahr dann eine Blütenfülle vorhanden ist, die tatsächlich nicht mehr übertroffen werden kann. Und dann kommt ein langer, blütenloser Sommer, zumindest was die Ziergehölze anbetrifft.

Wie wäre deshalb der Gedanke, anstelle der überall anzutreffenden frühlingsblühenden Sträucher auch einmal nach sommerblühenden Ausschau zu halten? Da wären zum Beispiel:

Der gelbblühende, feinlaubige *Fingerstrauch (Potentilla),* den es in flach und gedrungen wachsenden, wie auch in aufrecht wachsenden Varianten gibt, wie ich Ihnen dies schon bei den „Sichtschutzhecken" beschrieben habe. Selbst für größere Balkonkästen gibt es passende Fingersträucher.

Den rosablühenden *Spierstrauch* „Anthony Waterer" kennen Sie bestimmt. Wußten Sie, daß er nach dem ersten Blühen zurückgeschnitten werden sollte, um den danach rasch folgenden zweiten Blütenflor anzukurbeln?

Ich bin auch sicher, daß Sie die *Schneebeere (Symphoricarpos)* kennen. Besonders in kahlem Zustande fällt sie durch ihre großen, weißen Beerenbüschel auf. Nun habe ich hier eine Neuentdeckung gemacht: Die Sorte „Perlmutter" kokettiert mit rosa Beeren, was einmalig und überraschend wirkt.

Vielleicht möchten Sie gerne unter den vielen Sorten *(Hibiscus)* die „Wahl Ihrer Träume" treffen. Hier gibt es verschiedenfarbige Sorten und solche mit einfachen, halbgefüllten und gefüllt blühenden Blumen, die alle ungefähr in den Monaten August und September ihre ganze Pracht zur Schau stellen. Hibiscussträucher blühen also genau zu einer Zeit, wo in den meisten Gärten nur Laub an den Gehölzen zu bewundern ist.

Die Sorte „Woodbridge" blüht rubinrot, „Coelestis" blauviolett – und am schönsten (wenn Sie mich fragen) blüht die weiße „Monstrosus", deren Blüten nicht nur enorm groß werden, sondern deren Mitte sich noch dunkelrot färbt, was ihr den Charakter des Außergewöhnlichen verleiht.

Besitzen Sie eventuell eine Stützmauer, die von fein überhängenden und erst noch sommerblühenden Zweigen liebkost sein möchte? Dann lassen Sie sich in einer Baumschule den feinlaubigen, purpurrosa-blühenden *Indigostrauch (Indigofera)* oder den in purpurroten Trauben blühenden *Buschklee (Lespedeza)* zeigen. Beide stehen jetzt noch in atemberaubender Blütenpracht.

Suchen Sie noch etwas Besonderes, Außergewöhnliches für Ihren Steingarten? Dann darf ich Sie vielleicht an die diversen *Schmucklauche* erinnern? Möglicherweise kennen Sie deren kugelförmige Samenstände, die im Winter ihres dekorativen Wertes wegen immer beliebter – und gesuchter sind. Warum also sollten wir nicht selber für eine solch charaktervolle Dekoration besorgt sein und rechtzeitig – also jetzt – *Zierlauch-(Allium-)* Zwiebeln stecken? Der Himalajariesenlauch (Allium giganteum) liefert phantastische Blütenkugeln, die ohne weiteres einen Durchmesser von 20 cm erreichen können! Die violett-rosafarbenen Blüten sind nicht nur ein herrlicher Blickfang; die ganze Pflanze ist von einem solchermaßen majestätisch-stolzen Wuchs, daß sie vorteilhafterweise als „Solitärpflanze" behandelt und demzufolge allein oder in Gruppen gestellt werden sollte, wenn's sein muß mitten in den Rasen. Die Sorte „giganteum" wird nämlich 80 bis 150 cm hoch und blüht im Juni.

Die schönsten Kugelblüten entwickelt nach meinem Begriff die nur 35 cm hohe Sorte Allium „albopilosum", welche ebenfalls im Juni blüht und deren violette Dolden gar einen Durchmesser von 30 cm erreichen können.

Eine reizende Zwergart ist der helle, karmesinfarbene Allium „ostrowskianum", der zusammen mit dem silbrig lilarosafarbenen Allium „karataviense" bereits Ende Mai in Blüte steht und nur 15 cm hoch wird.

Etwas höher, nämlich 30 cm, wird die goldgelbe Sorte Allium „moly", die wiederum im Juni ihre Blüten öffnet – und wer nicht so lange warten kann, wählt deshalb vielleicht die bereits Mitte Mai blühende Sorte Allium „aflatunense", welche gerne wieder als „Solitärpflanze" behandelt werden möchte und sich weniger gut für einen Steingarten eignet. Sie trägt ihre magenta-violetten, mittelgroßen Kugeldolden auf sehr langen Stielen und fühlt sich geradezu als Primadonna.

Lassen wir ihr diese Starallüren; denn sie – und alle ihre „Allium"-Geschwister – sind tatsächlich Stars, ob sie blühend in

Zier- oder Schmucklauch – Allium

unserem Garten – oder geschnitten in der Vase stehen. Vergessen Sie nicht: diese Pflanzen werden nicht umsonst „Schmuck"- oder „Zier"-Lauch genannt.

Wer weiß: vielleicht haben Sie mit den herbstlichen Aufräumungsarbeiten in Ihrem Garten bereits begonnen und bei dieser Gelegenheit plötzlich eine Lücke im Rasen oder in der Nähe Ihres Sitzplatzes bekommen, die wieder bepflanzt werden möchte. Wären da die kerzengeraden und raketenartig aus dem Boden schießenden Blütenstände des *Lilienschweifs (Eremurus)* nicht eine wundervolle Lösung?

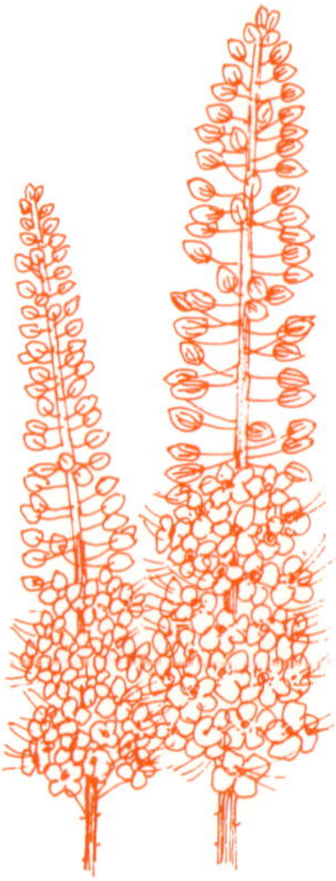

Der Lilienschweif – Eremurus – eignet sich gut auch als Einzelpflanze im Rasen

Trollblume – Trollius

Einer der größten Triumphe aus züchterischer Hand sind die neuen „Ruiter"-Hybriden, welche bis zu 250 cm hoch werden und von besonders langer Blühdauer sind. Ihre Blütezeit fällt in die Monate zwischen Mai bis Juli, und dann werden Sie sich an den ungemein eleganten, weißen, gelben, rosa- oder orangefarbenen Blütenlanzen kaum sattsehen können. Auch ein kräftiges Rot oder ein warmes Braun ist bei dieser neuen Rasse vertreten; wer fände hier nicht die Farbe nach seinem ganz persönlichen Geschmack?

Der Lilienschweif, auch Steppenlilie oder Kleopatranadel genannt, stellt an die Bodenbeschaffenheit einige Ansprüche, die wir unbedingt erfüllen sollten: freier, luftiger und sehr warmer Standort, wenn möglich nach Süden geneigte Hanglage; durchlässige, wenn möglich mit viel Sand vermischte Erde, wegen eines guten Wasserabzuges am besten über einem 8 bis 10 cm hohen Kiesbett angelegt.

Die Pflanzung erfolgt im Herbst und kann bei frostfreiem Wetter bis Ende November vorgenommen werden. Die Knollen werden horizontal, mit flach ausgebreiteten Wurzeln, die nach Möglichkeit nicht verletzt werden sollten, auf etwas Sand gelegt – und auch wieder mit einer Schicht Sand zugedeckt. Die Pflanztiefe sollte von der Knollenbasis, also dem Austrieb über den Wurzeln, bis zur Erdoberfläche nicht mehr als 10 bis 12 cm betragen, und bei Gruppenpflanzungen ist ein jeweiliger Abstand von ungefähr 50 cm – von Knospe zu Knospe gemessen – erforderlich.

Eremurus sind besonders gegen Frühjahrsfröste empfindlich, und so ist es eine zusätzliche Sicherheitsmaßnahme, wenn wir die Pflanzstelle mit einer leichten Tannenreisigschicht zudecken und schützen.

Besitzen Sie bereits eine Gruppe dieser herrschaftlichen Pflanzen, und sind Sie von deren Blüte in jüngster Zeit etwas enttäuscht worden? Dann darf ich Ihnen sicher in Erinnerung rufen, daß sich die neuen Knollen über den alten bilden und sich somit von Jahr zu Jahr der Erdoberfläche mehr nähern. Also sollten ältere Pflanzen jeden Spätherbst etwas neuen Humus erhalten, der sich am besten aus einer Mischung von halbverrottetem Laub, etwas Gartenerde und Sand zusammensetzt und der zusätzlich noch mit einem organischen Volldünger angereichert werden darf.

Haben Sie auch in der Hauptwachstumszeit – also im Frühjahr – auf genügend Feuchtigkeit geachtet, nach dem Blühen dagegen die Erde eher trocken gehalten? Es ist auch ratsam, während der Vegetationsperiode mit einem Volldünger nachzuhelfen und nach der Blüte grundsätzlich noch etwas Kali-Magnesia auszustreuen, das ganz leicht und behutsam in den Boden eingehackt wird.

Der Lilienschweif ist eine außergewöhnlich schöne Pflanze; warum sollten wir ihm also keine außergewöhnlich aufmerksame Behandlung zubilligen?

Ebenso außergewöhnlich – und leider viel zu wenig gesehen – ist die leuchtend rosafarbene *Staudengloxinie* mit dem botanischen Namen *„Incarvillea delavayi"*. Ihre Blütezeit fällt in die Monate Juni bis Juli – und da sie kaum höher als 40 bis 50 cm wird, eignet sie sich auch ausgezeichnet für Töpfe. Bereits ab November kann diese dankbare Staudengloxinie ausgepflanzt werden und darf natürlich im Freien überwintern. Im ersten Pflanzjahr wäre eine leichte Winterschutzdecke nicht überflüssig.

Dasselbe gilt auch für die lustige *Trollblume (Trollius)*, die sich sogar im Halbschatten ausgesprochen wohl fühlt und am liebsten schon im Oktober ihr neues Quartier bezieht. Bei den Trollblumen ist die aprikosengelbe „Apricot Queen" als auffallende Schönheit besonders zu vermerken.

Vergangenen Sommer hatte ich eine englische Gartenneuheit entdeckt, die bereits dieses Frühjahr jedermann verblüffte, der an meinem Steinbeet vorbeikam. Es ist eine Wolfsmilchart, deren oberste drei bis vier Triebblätter sich blutrot verfärben, was eine unverhoffte und ebenso aparte Wirkung im Verband mit den übrigen, sattgrünen Blättern hat. Gelüstet es Sie auch, dieses rotübertünchte Wolfsmilchgewächs zu besitzen? Leider kann ich Ihnen die genaue botanische Bezeichnung nicht angeben; doch ruhen Sie nicht, ehe Sie doch wenigstens ein Exemplar davon aufgetrieben haben. Es wird doch hoffentlich manche Staudengärtnerei geben, die sich ebenfalls in diese Neuheit verliebt hat.

Sollte ich aber – wider Erwarten – „falsche Hoffnungen" geweckt haben, dann tröstet Sie vielleicht das reizvolle *Ziergras „Luzula nivea"* über diese Enttäuschung hinweg. Es trägt seine üppigen, hellen Blütenähren einen ganzen Sommer lang stolz zur Schau, und dieselben lassen sich für Trockenblumensträuße später ausgezeichnet weiterverwenden.

Ich liebe die Ziergräser über alles. Und Sie? Jedenfalls ist es immer noch nicht zu spät, Ziergräser zu pflanzen, selbst wenn Sie solche lediglich für Balkongefäße vorsehen sollten.

Selbstverständlich würde ich im Herbst nicht ausgerechnet kälteempfindliche Ziergräser neu pflanzen, geschweige denn solche, die erst im Herbst in schönster Blüte stehen. Dazu ist der Frühling bestimmt die geeignetere Jahreszeit. Alle Gräser aber, die winterhart, teilweise sogar wintergrün sind – und ihre Blütezeit im Frühling haben, dürfen und sollten eigentlich jetzt ihren neuen Standort beziehen.

Eines der schönsten immergrünen Gartengräser für den lichten Schatten ist die *Japansegge (Carex morrowii).* Sie hat schmale, glänzende Blätter und eignet sich ausgezeichnet zur Bodenbedeckung unter Gehölzen. Eine verspielte Abart mit hellem Blattrand ist die Sorte „Carex morrowii Variegata". Die Japansegge erreicht eine Höhe von ungefähr 40 cm; ihre duftigzarten Blüten erscheinen ab April.

Die stattliche Höhe von 150 cm erreicht die *Riesensegge (Carex pendula),* die auch erst im Juli blüht und in Gesellschaft anderer schattenliebender Stauden außerordentlich hübsch aussieht.

Beide genannten Seggearten sind langlebige Stauden, die durch die Schönheit ihrer wintergrünen Horste auffallen und –

Ziergras

wie bereits gesagt – am liebsten einen lichten Schattenplatz besiedeln. Andererseits nehmen sie es uns keineswegs übel, wenn wir ihnen einen sonnigen Fleck Garten zuweisen, vorausgesetzt, wir sorgen dort für genügend Feuchtigkeit.

Möchten Sie hingegen ein Ziergras kennenlernen, das Sonne und Trockenheit genausogut verträgt wie Feuchtigkeit? Dann muß ich Ihnen unbedingt die *Rasenschmiele (Deschampsia caespitosa)* kurz vorstellen: Das schöne Dunkelgrün dieses Grases bleibt wohl nur bis zum Herbst erhalten, doch machen die später halbvergilbten Blätter während des ganzen Winters auch noch einen akzeptablen Eindruck. Man darf diese Blattschöpfe eines schönen Tages denn auch abschneiden, aber erst im zeitigen Frühjahr. Die verblühenden Ähren werden hingegen schon am Ende des Sommers beseitigt, nachdem sie uns manche Woche lang entzückende Begleiter waren. Die zierlichen, etwa 80 bis 100 cm hohen Blütenähren der Rasenschmiele sind gelblich-braun und schmücken sich bei jeder sich bietenden Gelegenheit mit einer Unzahl glitzernder Tautröpfchen, unter deren Last sie sich allesamt zu beugen haben; so als wäre die selbstaufgesetzte „Krone" viel zu schwer.

Übrigens: Blütenähren der Rasenschmiele haben auch in der Vase einen ganz eigenartig schönen Zierwert.

In punkto Genügsamkeit zeichnet sich auch der *Blauschwingel (Festuca cinerea* – oder *Festuca glauca)* aus, der ungefähr 20 cm hoch wird und im Juni blüht. Dieses blauschimmernde Gras verträgt Sonne und Trockenheit überaus gut; aber auch Schattenplätze werden ohne jegliche Einbuße in Kauf genommen. Was will man noch mehr?

Verwechseln Sie den Blauschwingel jedoch nicht mit dem blaugrünen *Schillergras (Koeleria glauca),* welches wohl die gleiche Höhe und die gleiche Blütezeit, keineswegs aber die gleiche Genügsamkeit wie Blauschwingel hat. Das Schillergras bevorzugt mageren und sandigen Boden, was auch schon auf den ersehnten, nämlich auf einen trockenen und sonnigen Standort hinweist. Ein ideales Ziergras für Pflanzgefäße auf dem Balkon!

Es ist nichts daran zu ändern: wir schreiben nach wie vor Oktober. Im Garten läßt das Blühen merklich nach, und auch auf den Balkonen wird die Blütenfülle deutlich weniger. Mit betonter Aufmerksamkeit verfolgen wir die Wetterprognosen, denn kein überraschender Frost soll unsere Blumenkinder frühzeitig zum Tod verurteilen. Es wird ja ohnehin nicht mehr lange dauern – und unsere Pelargonien, Fuchsien und Knollenbegonien wie überhaupt alle Kübelpflanzen, ziehen um – in den Keller.

Dasselbe gilt auch für die Dahlien, die noch in allen Gärten die allerletzten Farbakzente setzen.

Das Ausgraben und Überwintern der Dahlienknollen steht uns unmittelbar bevor, und es ist deshalb nützlich, sich die wichtigsten Vorkehrungen genau zu merken:

Nach dem ersten Frost werden die Dahlien ausgegraben, die Knollen von aller Erde gereinigt – und nach Möglichkeit noch 1 bis 2 Tage an der Sonne und Luft zum Abtrocknen ausgebreitet. Die einzelnen Knollen werden jetzt auch etikettiert, wobei Name, Höhe, Farbe und Blumenform als „Gedächtnisstütze" ebenfalls notiert sein möchten.

Dahlienknollen sind äußerst frostempfindlich und dürfen bei Frostgefahr keinesfalls im Freien gelassen werden. Selbst wenn keine Frostgefahr zu befürchten ist, wäre es besser, die ausgegrabenen Knollen über Nacht ins Haus zu nehmen und sie erst wieder anderntags an der Sonne auszubreiten. Über Nacht fällt in dieser Jahreszeit so viel Tau, der nebst dem Frost ebenfalls dafür verantwortlich gemacht werden müßte, wenn unsere Dahlienknollen im Winterquartier doch noch der Fäulnis zum Opfer fielen.

Das ideale Winterlager der Dahlienknollen ist nach wie vor der Keller, in welchem die Temperatur nicht unter 5° C sinken darf, aber auch nicht über 10° C steigen soll. Die Knollen sollten in Kisten oder Körben ausgebreitet bleiben, und um das Austrocknen bei kleineren Knollen zu verhindern, kann man diese mit einer Mischung von halb Sand und halb Torfmull zudecken.

Sehr wichtig ist auch die Lüftung des Kellers. Bei frostfreiem Wetter sollte der Keller eigentlich Tag und Nacht gelüftet bleiben, was erfahrungsgemäß auch der Fäulnisgefahr bei eingelagertem Obst entgegenwirkt.

Dahlienknollen dürfen auf keinen Fall in Estrichen, Dachkammern und Garagen überwintern. Neben der Frostgefahr wird hier die viel zu trockene Luft zum Todfeind dieser schönen Sommerblumen. Gegen Jahresende kontrollieren wir die Knollen ohnehin, und zwar unbedingt. Sind nun doch faule Teile vorhanden, werden diese kurzerhand weggeschnitten. Gleichzeitig kontrollieren wir aber auch die Stengel, die schon beim Einbringen der Knollen handbreit über dem Boden abgeschnitten worden sind. Es kommt hin und wieder vor, daß die Stengel beim Knollenansatz schmierig werden – und auch dieser Tatsache schenken wir nun unsere größte Aufmerksamkeit. Wir reiben deshalb mit einem Tuch die schmierigen Stengel so lange ab, bis die leicht angefaulte äußere Schicht beseitigt ist. Die gereinigten Stellen werden nun vorsorglicherweise noch mit Holzkohlenstaub eingepudert. Abgesehen davon, ist es nützlich, wenn die ganze Dahlienknolle eingepudert wird. Holzkohle verhindert nämlich ein weiteres Faulen, und somit wäre einer nächstjährigen Blüte unserer „wintergepflegten" Dahlien nichts mehr in den Weg gestellt.

Das waren übrigens die Ratschläge der Schweizerischen Dahliengesellschaft. Und die muß es ja wissen.

Darf ich Ihnen zusammenfassend dennoch meine urpersönliche Erfahrung verraten? Ich nehme die Dahlienknollen prinzipiell nicht vor Ende Oktober aus dem Boden. Auch wenn bereits ein

Frost die ganze Blütenpracht vernichtet hat, so lasse ich die Knollen bis gegen Ende des Monats im Boden noch „nachreifen". Als wichtigste Grundregel erachte ich: einen trockenen Tag abzuwarten, ehe die Knollen ausgegraben werden! Dann läßt sich die Erde nämlich sehr gut von den Knollen schütteln und die Fäulnisgefahr ist damit nur noch halb so groß. Trockene Knollen können praktisch überhaupt nicht faulen, sofern die Temperaturverhältnisse im Keller stimmen und jederzeit für eine gute Durchlüftung gesorgt wird. Holzkohlenpuder verwende ich so oder so; ich warte schon gar nicht ab, bis sich Anzeichen einer Fäulnis zeigen. Und damit bin ich immer gut gefahren.

Stellen Sie leere Blumenkästen jetzt nicht in den Keller, sondern auf den Balkon oder vor die Haustür . . .

. . . denn in diesem Herbst können Sie darin bereits den Frühling einbetten – und zwar mit Blumenzwiebeln. Vollerblühte Tulpen, Narzissen, Hyazinthen, Osterglocken und Krokusse verkörpern doch den leibhaftigen Frühling. Also zögern Sie nicht länger und besorgen Sie sich schleunigst ein ganzes Sortiment solcher Blumenzwiebeln. Es ist ein offenes Geheimnis, daß Blumenzwiebeln möglichst früh im Herbst eingepflanzt werden sollten – und das gilt nun auch für jene, die in Pflanzengefäße kommen.

Sie können jetzt buchstäblich komponieren, mit Farben und Blüten. Stellen Sie sich zum Beispiel frühblühende, goldgelbe Trompetennarzissen vor, die über kornblumenblauen „Scilla sibirica" nicken, welche sich darunter in großer Zahl breitmachen. Natürlich könnten es ebensogut lavendelblaue, wenn nicht sogar violette Krokusse sein, welche sich ebenfalls ausgezeichnet für Balkonkästen eignen.

Wundervoll gedeihen auch *Hyazinthen* in solchen Gefäßen. Es wird geradezu betörend duften, wenn Sie sich für diese recht robuste Pflanze begeistern lassen. Hyazinthen stehen am liebsten allein unter ihresgleichen. Also könnten Sie vielleicht einen Blumenkasten mit Hyazinthen bepflanzen und gleich daneben noch einige Kästen mit niedrigen, möglichst frühblühenden Tulpen, zwischen denen jetzt schon Setzlinge von blauen und gelben Stiefmütterchen Platz finden. Auch weiße Narzissen fügen sich ausgezeichnet in diese Kombination.

Kennen Sie zum Beispiel die zarten Büschelnarzissen, auch

„Poetazetten" genannt? Sie treiben 2 bis 3 Stengel aus einer einzigen Zwiebel, und jeder dieser Stengel trägt nahezu 12 bis 14 Blüten, die außerdem noch köstlich duften.

Zu weißen Büschelnarzissen passen feuerrote Tulpen fabelhaft – und da die genannten Narzissen ungefähr 30 cm hoch werden, wählen Sie am besten eine frühblühende Tulpensorte, welche ebenfalls nicht höher als 40 cm wird.

Ein weiterer Vorschlag wären die gefüllten „Premix-Murillo"-Tulpen. Dank ihrer Blütenfülle und ihrem gleichmäßig hohen Wuchs, besitzen sie die Ausstrahlungskraft eines Blütenteppichs. Sie werden ebenfalls nur 25 bis 30 cm hoch und wirken dann am allerschönsten, wenn sie allein für sich stehen dürfen, also nicht mit anderen Frühlingsblumen im gleichen Gefäß sitzen. Bei den „Premix-Murillo"-Tulpen finden wir unerhört schöne Farben, wie zum Beispiel ein zartes Rosa oder ein leuchtkräftiges Karmin. Sie können jedoch auch zu den bewährten Rottönen abschwenken oder sich für Orange und Gelb begeistern lassen. Sogar ein neutrales Schneeweiß ist hier vertreten.

Denken Sie bitte auch daran, daß Blumenzwiebeln nicht in Reih und Glied gesteckt sein möchten, sondern ihre Wirkung während der Blüte dann am besten erzielen, wenn sie dicht beisammen, in eher kreisförmigen Gruppierungen stehen, wobei ohne weiteres in den entstandenen Zwischenräumen niedrige Polsterpflanzen, Stiefmütterchen, Krokusse oder Traubenhyazinthen blühen dürfen.

Sie wissen jetzt bereits, daß ich auch für „Ziergräser in Blumenkästen" plädiere, vor allem für das blaugraue Schwingelgras (Festuca glauca) oder das blaugrüne Schillergras (Koeleria glauca), die zusammen mit der winterblühenden *Schneeheide* (Erica carnea „Winter Beauty") eine sehr freundliche Winterbepflanzung ergeben.

Es gibt auch winzig-kleine, kugelrunde *Zwergföhren,* die in etwas größeren Pflanzgefäßen ausgezeichnet gedeihen, vorausgesetzt, sie erhalten an frostfreien Tagen hin und wieder eine angemessene Portion Wasser.

Betten Sie zu Füßen solcher Nadelhölzer ebenfalls Blumenzwiebelchen ein. Dann wird es ihnen möglich sein, dicht vor ihren Fenstern das Erwachen der Natur im Frühling zu beobachten. Wäre das nicht ein erstrebenswertes, glückliches Erlebnis?

Wichtig: Nach dem Pflanzen wird gut durchwässert und dann streng darauf geachtet, daß die Gefäße im Keller oder im Freien nicht gänzlich austrocknen. Bei Überwinterung im Keller sollte die Temperatur 9° C nicht überschreiten; im Freien decken wir die Gefäße am besten mit genügend Torfmull, Laub oder einigen Tannenästen ab. Und dann steht Ihrem selbstgeschmiedeten „Frühlingsglück" nichts mehr im Wege. Freuen Sie sich darauf!

November

Nichts ist daran zu ändern: es ist November geworden! Schluß mit Gartenfreuden; der „gartenlose" Winter hat begonnen. Doch will das etwa nicht heißen, daß unser Garten nun nicht mehr betreten wird. Ganz im Gegenteil. Ein großer Arbeitsanfall wartet noch auf uns: das große Räumen ist in vollem Gange.

Unentwegt blühen noch immer die Gartenchrysanthemen, und wer das endgültige Ausklingen des Gartenjahres mit ihnen noch um eine kurze Zeitspanne verlängern möchte, darf nicht vergessen, diese unermüdlichen Blüher vor Nachtfrösten und überraschend eintretendem Schneefall zu schützen.

Die übrigen ausdauernden Blütenstauden, wie beispielsweise der Sommerphlox, der Sonnenhut (Rudbeckia), die Herbstastern und Herbstanemonen, die Sonnenbraut, Pfingstrosen, Rittersporn, Schafgarben – und wie sie alle noch heißen mögen – werden jetzt endgültig bis zum Boden heruntergeschnitten. Wildstauden hingegen dürfen stehenbleiben; es ist nämlich entzückend, wenn sich in ihren Fruchtständen der Rauhreif verfängt und es wie in einem Märchenschloß glitzert.

Der einjährige Sommerflor wird blutenden Herzens, doch rücksichtslos geopfert und ausgerissen. Die meisten Gartenbesitzer haben solche Arbeiten schon hinter sich gebracht. Es bleibt nur zu hoffen, daß sie dabei nicht vergaßen, Gladiolen, Knollenbegonien und Dahlien aus der Erde zu nehmen. Was mit den Dahlienknollen zu geschehen hat, habe ich Ihnen bereits in einem früheren Kapitel beschrieben.

Die Gladiolen dürfen ihre Blätter so lange behalten, bis diese, welk und völlig ausgetrocknet, darauf hinweisen, daß die Blumenzwiebeln ihre aufbauenden Kräfte für die nächste Blüte daraus bezogen haben. Die Reste der (kleineren) Gladiolen-Mutterknolle unterhalb der großen, neuen Knolle müssen im Herbst

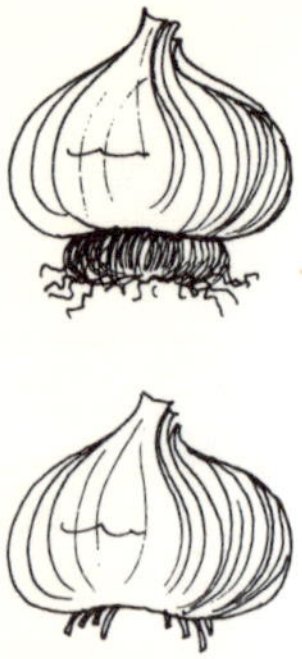

Gladiolenknollen müssen beim Überwintern von der alten Mutterknolle befreit werden

noch entfernt werden! Dasselbe gilt auch für Knollenbegonien. Erst nach dem gänzlichen „Einziehen" der notwendigen Säfte aus den Blättern, werden diese Zwiebeln und Knollen in trockenem Torfmull überwintert.

Doch schnell wieder zurück in den Garten. Vor den Frösten sollte noch überall in den Beeten, unter Sträuchern und Ziergehölzen fein gehackt oder – wo vorübergehend pflanzenlose Lükken sind – umgegraben werden, damit der Boden später ganz durchgefrieren kann, was die Bodenbeschaffenheit erheblich verbessert. Denken Sie auch daran, daß wenige sonnige Tage und der kräftige Herbstwind den Boden stark auszutrocknen vermögen. Deshalb benötigen alle immergrünen Gewächse, vor allem die Nadelhölzer und Moorbeetpflanzen, vor dem Eintreten

der ersten Fröste nochmals große Portionen Wasser. Das Wasser muß tief und durchdringend bis zu den untersten Wurzeln gelangen; deshalb genügt ein leichtes Berieseln mit dem Gartenschlauch keineswegs. Manchmal ist es nötig, den „fließenden Gartenschlauch" während einiger Stunden bei solchen „Individualisten" liegenzulassen, damit sie sich ihren Wintervorrat „antrinken" können. Anschließend ist es sehr vorteilhaft, wenn rund um die Sträucher Torfmull oder Laub angehäufelt wird, die mithelfen, einer unnötig raschen Wasserverdunstung entgegenzuwirken.

Auch über die handhoch über dem Boden abgeschnittenen Blütenstauden können Sie eine leichte Torfhumusdüngerschicht verteilen. Dies ist nicht nur ein Schutz gegen Kahlfrost, sondern hilft auch verhindern, daß sich die einzelnen Pflanzen durch die

Frosteinwirkung heben. Abgesehen davon, hält der Torf im Frühjahr die Sonnenstrahlen ab und verzögert damit ein frühzeitiges Austreiben.

Tannenreisig bietet ebenfalls Schutz gegen die Sonnenstrahlen, jedoch nicht gegen Frost. Nadelholzreisig hat andererseits den großen Vorteil, genügend Luft an den Boden gelangen zu lassen. Ich betone dies vor allem deshalb, weil viele Laien große Mengen von Laub zum Abdecken verwenden. Und das ist eigentlich nicht so ratsam. Eine dichte Laubdecke erzeugt nämlich viel Wärme, und die Folge davon wäre ein frühzeitiges Austreiben der sich darunter befindlichen Pflanzen. Da die gefürchtetsten Fröste bekanntlich im Spätwinter und zeitigen Frühjahr aufzutreten pflegen, dürften die Folgen dieses unnatürlichen, allzu frühen Austreibens leicht auszudenken sein . . .

Wußten Sie übrigens, daß praktische Versuche anerkannter Fachleute den Beweis erbracht haben, daß Rosen auf eine Kalidüngung im Herbst sehr positiv reagieren? Also ist eine *Herbstdüngung für Rosen* jetzt nicht mehr als Fehler zu werten, sondern als empfehlenswerte Zugabe.

Der speziell entwickelte Herbstdünger für Rosen enthält viel chlorfreies Kali und Magnesium, welches von den Rosen sofort aufgenommen und verwertet wird. Das Holz der Rosen kann dadurch noch besser ausreifen, und die Pflanzen sind weniger frostempfindlich. Zudem treiben sie im Frühjahr wesentlich kräftiger aus. Dieser Spezialdünger enthält zusätzlich aber auch noch wenig Stickstoff und Phosphorsäure, allerdings in einer Form, die erst im Frühjahr zur Auswirkung kommt. Das dürfte dann wieder einen günstigen Start in ein neues Rosenjahr garantieren.

Trotz dieser sensationellen, neuen Erkenntnis, Rosen auch im Herbst zu düngen, gilt nach wie vor die Regel:

Neupflanzungen von Rosen frühestens nach einem Vierteljahr düngen. Demzufolge dürfen Sie älteren, sowie im Frühjahr neugepflanzten Rosenstöcken jetzt noch eine Herbstdüngung verabreichen. Neugepflanzte Rosenköniginnen treten gut gewässert, jedoch ohne jeglichen Dünger den Winter an, um dann aber im Mai vor der Blüte ebenfalls mit einem guten „Wachstumsförderer" beziehungsweise Rosendünger Bekanntschaft zu schließen.

An warmen Tagen wächst auch der *Rasen* immer noch ein wenig nach. Eigentlich sollte er den Winter „kurzgeschnitten" antreten, und es wird uns nichts anderes übrigbleiben, als nochmals zum Rasenmäher zu greifen. Im Sommer lasse ich das gemähte Gras in der Regel liegen. In solchen Fällen ist es allerdings nötig, den Rasen mindestens zweimal in der Woche zu mähen. Nur kurze Rasenschnipsel dürfen liegenbleiben, dies aber keinesfalls beim letzten Schnitt vor dem Winter. Allzuleicht könnte ein Gärungsprozeß eintreten, der uns später gelbe, wenn nicht sogar kahle Stellen im Rasen hinterließe. Der letzte Rasenschnitt sollte unbedingt auch an einem trockenen Tag vorgenommen werden; nasser Boden sinkt beim Betreten schnell zusammen und verhindert die Rasenwurzeln später am Atmen. Dadurch verkümmern viele Gräser ebenfalls, und wir warten im Frühjahr vergebens auf einen dichten, sattgrünen Rasenteppich.

Übrigens haben die Gräser im Frühjahr einen wesentlich besseren Start, wenn der Boden im Herbst – spätestens anfangs November – noch einmal gedüngt worden ist. Dies geschieht am besten mit einem organischen Rasendünger oder einem stickstoffreichen, mineralischen Volldünger. Wie gesagt: Der Erfolg dieser Arbeit ist erst im Frühjahr sichtbar, dann aber bestimmt – und überzeugend dazu.

Die meisten Gartenbesitzer stehen jahrein-jahraus in ständigem Konkurrenzkampf um den „schönsten" Rasen. Oft dürfen solche Gärten lediglich über die Plattenwege betreten werden; von einem „Aufenthalt" im Garten kann nie die Rede sein. Sie düngen, wässern und hätscheln ihren grünen Teppich, als müßten Sie einen wertvollen Preis gewinnen. Für mich bedeutet es „den höchsten Preis", wenn ich mich im Garten hinsetzen darf, wie und wo es mir beliebt. Dabei stören mich etwas undichte, manchmal auch gelbliche Stellen keineswegs; sie erholen sich meist wieder von selbst – und wenn nicht, dann greife ich eben zu Rasensamen. Zugegeben: auch ich dünge meinen Rasen gelegentlich nach den Vorschriften, die auf jeder Packung aufgedruckt sind. Ich informiere mich auch in „Gartenspalten" über das „Rasenproblem", habe dabei aber schon oft festgestellt, daß jeder Rasenenthusiast auf eine andere Methode schwört. Und wem soll man glauben? Es wären nämlich Bodenanalysen erforderlich, um genau zu wissen, welche Methode die einzig richtige

Stiefmütterchen sind ebenso wie Vergißmeinnicht eine gute Unterpflanzung bei Tulpen

für den eigenen Rasen ist. Und deshalb pfeife ich auf einen „englischen", sattgrünen, äußerst dichten Grasteppich; schließlich lebe ich nur einmal und will meinen Garten problemlos genießen!

Damit wir nun nicht nur aufräumen, wegschneiden und fortwerfen müssen, um dann beinahe eine trostlose Novemberleere mit ins Haus zu nehmen, heben wir unsere Laune noch ganz gehörig, wenn wir noch schnell vor einem Frost – also solange der Boden noch weich und locker ist – *Stiefmütterchen* in den Garten pflanzen. Die Setzlinge sind zwar noch kläglich klein, doch weiß unser Gärtnerherz gut genug, was wir von ihnen zu erwarten haben.

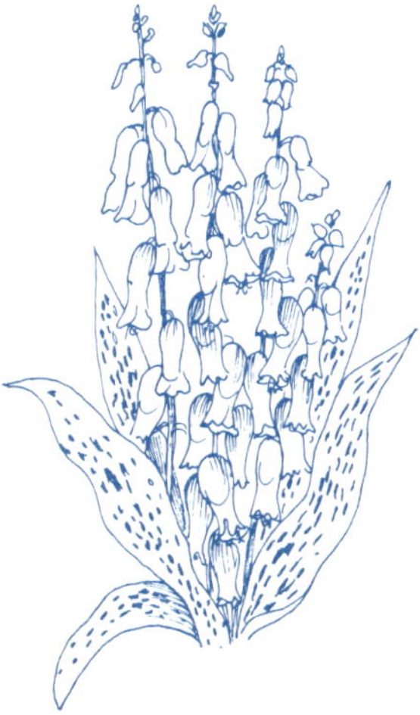

Die Kaphyazinthe – Lachenalia aurea – ist vor allem in England ein Begriff

Vorläufig kann ich mich kaum sattsehen an dem raffiniert gefärbten Blätterkleid eines Großstrauches, der als grandioser Blickfang in einem nachbarlichen Garten steht. Es ist die als Zierstrauch kultivierte *Felsenbirne (Amelanchier canadensis).* Sie versteht es ausgezeichnet, mich nicht nur im Herbst durch ihre satt orange- und scharlachrot getönten Blätter zu begeistern, sondern mich auch im Frühling unentwegt, förmlich gebannt, zu ihr hinüberblicken zu lassen, denn dann ist sie in ein berauschend weißes Blütenkleid gehüllt, welches von scharenweise herbeifliegenden Bienen ebenso bewundert und geschätzt wird. Die Felsenbirne gilt denn auch als ausgesprochene „Bienenweidepflanze". Jetzt aber hat dieses herrliche Ziergehölz sein rotgelb durchsetztes Ballkleid angezogen; eine einzige Frostnacht wird genügen – und die vielen Blätter-Ballerinen wirbeln und tanzen in wildem Reigen zu Boden. Endgültig.

Kehren wir deshalb ins Haus zurück. Auch bei Zimmerluft kann man gärtnern.

Haben Sie schon einmal die Bekanntschaft mit der *Lachenalia* gemacht? Das ist eine *Kaphyazinthe,* die bei uns – wie so vieles – viel zu wenig bekannt ist. In England ist diese Pflanze beinahe auf jedem Fensterbrett anzutreffen, denn sie eignet sich besonders auch für die „Topftreiberei" und gilt eigentlich als Zimmerpflanze.

Die „Lachenalia aurea" hat wunderschön marmorierte Blätter, die allerdings vor allzu starkem Sonnenschein geschützt werden sollten, weil sie sonst allzu schnell vergilben und ihre Marmorierung gänzlich verlieren.

Die kleinen Zwiebelchen dieser Kaphyazinthe können bereits ab September (es reicht aber auch jetzt noch!) in nicht zu großen Töpfen oder Schalen angetrieben werden. Dazu eignet sich am besten eine sandige, humusreiche Erde. Pro 10er-Topf werden nun ungefähr 4 bis 5 Zwiebelchen ganz nahe zusammengesetzt und an einen hellen, kühlen Standort verbracht. Das Fensterbrett eines ungeheizten Zimmers – oder auch ein kühler, heller, jedoch frostfreier Kellerraum würden sich für diesen Zweck gut eignen. Bis sich die Sprosse zeigen, sind die Töpfe nur mäßig feucht zu halten, und alsdann wird regelmäßig, aber sehr vernünftig, gegossen.

Die Blütezeit der Lachenalia beginnt – je nach Temperatur – im Februar oder März, und dann werden Sie an den orangegelben, röhrigen und wachsartigen Blüten, die an zierlichen, hohen Stengeln sitzen, Ihre helle Freude haben. Und zwar eine langfristige Freude, denn die Blüten dieses dankbaren Zwiebelgewächses sind von außerordentlich großer Haltbarkeit.

Nach dem Verblühen müssen die Kaphyazinthen – wie übrigens ja alle Zwiebelgewächse – das Laub wieder einziehen, weshalb die Töpfe vollkommen trocken zu halten sind. Sie dürfen später dann ohne weiteres den ganzen Sommer über in Vergessenheit geraten; erst ab Anfang September pflanzt man sie wieder in neue Erde um – und das Spiel kann neu beginnen.

Momentan sind in Blumenläden, auf dem Markt und in Gärtnereien *Paprikapflanzen* zu sehen, und ich bin ganz versessen darauf, eine solche Pflanze zu besitzen. Paprikapflanzen *(Capsicum frutescens)* werden gelegentlich auch „Spanischer Pfeffer" genannt, und sie sind vor allem im Herbst sehr reizvoll, denn dann schmücken sie sich mit langen oder schmalen, kurzen oder dicken Schoten in den verschiedensten Farben, wie Rot, Gelb, Violett – und manchmal sogar fast Schwarz. Diese Pfefferschoten haben eine derart intensive Leuchtkraft, daß es eigentlich kaum verwunderlich ist, daß diese hübschen Topfpflanzen solche Besitzergelüste in uns wecken.

Wenn wir beim Wort „Paprika" oder „Spanischer Pfeffer" unwillkürlich auch an Spanien oder Ungarn denken, so ist die Heimat dieser Gewächse – die übrigens zur Familie der „Nachtschattengewächse" gehören – das tropische Südamerika, von wo es die Spanier nach Europa brachten.

Genießen wir also die fröhlich-bunten Topfpflanzen noch ausgiebig, denn bald wird ihre große Ruhezeit einsetzen, wozu sie am besten in einen verhältnismäßig kühlen Raum umsiedeln. Im folgenden Frühling stellen wir die Töpfe wieder sehr hell, aber keinesfalls sonnig, und achten besonders noch auf eine gute und gleichmäßige Luftfeuchtigkeit, denn was die Luftfeuchtigkeit anbetrifft, so stellen die Paprikapflanzen ziemlich hohe Ansprüche.

Und noch eine Pflanze ist momentan in allen Blumengeschäften anzutreffen: es ist das *Alpenveilchen (Cyclamen).* Obwohl das Alpenveilchen für jedermann ein Begriff „par excellence" ist,

Alpenveilchen – Cyclamen

wird diese Pflanze doch oft vollkommen falsch gepflegt, und dann bereitet sie uns unwillkürlich Kummer und Enttäuschung.

Cyclamen verlangen vor allem viel Licht und Luft, allerdings keinen Durchzug. Ferner verabscheuen sie allzu warme und trokkene Zimmerluft; sie lieben vielmehr Temperaturen um 10° C und stehen deshalb am besten in möglichst weiter Entfernung eines Heizkörpers. Zwischenfenster sind ideal, doch wo gibt es sie überhaupt noch? Aber auch ohne Zwischenfenster gedeihen die Alpenveilchen wundervoll, wenn wir ihre allerwichtigsten Lebensansprüche respektieren.

Da wäre zum Beispiel temperiertes Wasser, welches vorteilhafterweise sogar in den Unterteller gegossen wird, von wo es die Pflanze innerhalb einer Stunde aufsaugen kann. Was dann noch übrigbleibt, wird kurzerhand weggeleert. Damit wäre auch bereits einer möglichen Fäulnisgefahr vorgebeugt, denen manchmal Blätter und Blütenansätze zum Opfer fallen, wenn der Pflanze zu viel Wasser offeriert wird. Abgestorbene Blätter oder Blüten werden jedenfalls immer mit dem ganzen Stiel herausgezogen. Vergessen Sie auch nicht, Ihr Alpenveilchen während der Blütezeit wöchentlich einmal mit einem flüssigen Dünger zu Rekordleistungen zu ermuntern.

Nach der Blüte setzt man mit der Düngung aus, reduziert auch die Wassergaben auf ein Minimum und stellt die Pflanze eher noch kühler als bis anhin. Vielleicht sterben die Blätter dann noch vollends ab, was Sie allerdings nicht entmutigen darf. Denn spätestens im Frühjahr geben Sie Ihrer Cyclame hin und wieder einen kräftigen Schluck Wasser, um den neuen Austrieb zu fördern. Es wird gar nicht lange dauern, und die Pflanze wird Ihnen zeigen, daß sie noch hübsch bei Kräften ist. Dann bekommt sie als Belohnung – mit längeren Unterbrechungen dazwischen – wieder etwas Dünger und wird sogar noch umgetopft, um dann während des ganzen Sommers an einem halbschattigen, kühlen Plätzchen im Garten oder auf dem Balkon zu warten, bis sie im Spätherbst zum nächsten bravourösen Auftritt aufgerufen wird – und sich dazu eine Menge Blüten zulegt.

Vor den ersten Herbstfrösten wird das Alpenveilchen jedenfalls ins Haus geholt, um seinen kühlen, aber hellen Platz hier wieder einzunehmen. Und dann? Dann ist es soweit. Sie werden sehr bald viele Knospenansätze entdecken und sich dann wieder während vieler Winterwochen am eifrigen Blühen dieser blendend schönen Topfpflanze freuen können.

Allenthalben beginnt man sich auch schon den Kopf darüber zu zerbrechen, was an Weihnachtsgeschenken einzukaufen sei. Und es ist sehr wohl möglich, daß der Kopf dabei ordentlich heiß

Amaryllis

wird. Doch: Behalten Sie einen kühlen Kopf, und denken Sie in Ruhe darüber nach, ob eine blühende *Amaryllis* nicht auch einmal ein hübsches, wenn nicht sogar imposantes Geschenk wäre.

Wenn Sie jetzt eine frühblühende, präparierte und leicht vorgetriebene Amarylliszwiebel eintopfen, dann können Sie bis an Weihnachten mit Blüten rechnen. Ich bin überzeugt, daß Sie mit einem solchen Weihnachtsgeschenk „ins Schwarze treffen". Denn seltsamerweise wagen sich noch längst nicht alle Blumenfreunde an das Antreiben von Amarylliszwiebeln. Sie fürchten sich vermutlich vor einem Mißerfolg. Wer aber die allerwichtigsten Regeln für dieses verheißungsvolle Unternehmen befolgt – und seine Blumenzwiebeln ausnahmslos in Fachgeschäften einkauft, wo nur erste Qualität und besonders große, präparierte Zwiebeln angeboten werden –, muß sich niemals über einen Mißerfolg ärgern.

Es gibt Zwiebeln von „Riesen"-Amaryllis, die sage und schreibe 1 bis 3 Blütenschäfte mit zusammen 7 bis 10 Blüten aus einer einzigen Zwiebel treiben. Der Durchmesser einer solchen Blüte kann bis zu 25 cm betragen, von der Farbenpracht ganz zu schweigen; hier findet man Weiß, Rosa, Lachsrot, Scharlach-, Dunkel- oder Pfefferrot sowie zweifarbige Blütenkelche.

Seit kurzer Zeit gibt es aber auch kleinblumige Amaryllis mit der Bezeichnung „Gracilis". Hier nennt sich eine feuerrote Schönheit „Scharlachkönigin", und eine aparte, zartrosa-gestreifte Sorte wurde „Apfelblüte" getauft.

Amaryllis werden sofort nach dem Einkauf in Töpfe gesetzt, die den Zwiebeln höchstens 2 cm leeren Raum innerhalb des Gefäßes lassen. Die Hälfte der Zwiebel soll über der Erde herausragen, und wenn Sie jeglicher Fäulnisgefahr vorbeugen möchten, dann haben Sie den Blumentopfboden vor dem Bepflanzen mit einer Tonscherben- oder Kieselsteinschicht belegt. Damit ist für einen guten Wasserabzug vorgesorgt. Das Erdgemisch soll nicht ausgesprochen „leicht" sein und wird deshalb am besten mit etwas Torfmull und Sand bereichert.

Damit die neu gekaufte Zwiebel zu raschem Leben erweckt wird, stellen Sie den Topf sofort an einen warmen Ort; es darf sogar direkt über einem Heizkörper sein. Gießen Sie zuerst nur spärlich, und achten Sie wegen der Fäulnisgefahr streng darauf, daß die Zwiebel auch beim Gießen nicht naß wird.

Bald beginnt sich der Blütenstengel zu entwickeln, und von diesem Augenblick an darf die Erde nie mehr ganz austrocknen. Andernfalls würde sich die Blüte zurückziehen – oder verkümmern. Je kräftiger der Blütenstengel wird, desto feuchter soll auch die Erde im Blumentopf sein; Wasser im Unterteller wäre aber gefährlich. Und noch etwas sehr Wichtiges: Sobald sich der ersehnte Blütenstengel zeigt, darf dem Gießwasser Dünger zugesetzt werden – und zwar wöchentlich einmal.

Hier könnte nun auch der Grund zu finden sein, weshalb manche Leute mit ihren Amaryllis Enttäuschungen erleben. Ich vermute nämlich, daß viele Amaryllisfreunde diese Pflanze nur so lange düngen, bis das Blühen endgültig vorbei ist. Und das ist grundfalsch. Vielmehr sollte ein wöchentlicher Düngerguß eines guten, flüssigen Volldüngers vom Moment des Erscheinens der Blütenstengel bis Ende Juli die Regel sein – und strikte eingehalten werden. Dann gießt man noch bis Ende August regelmäßig weiter, jedoch ohne Düngerzusatz, um die nunmehr gekräftigte Amarylliszwiebel bis zum neuen Antreiben im Keller ausruhen zu lassen. Diese Ruhepause benötigt sie dringend und hat sie bestimmt auch verdient.

Nach ungefähr 10 Wochen – also etwa gegen Ende November – erinnern Sie sich bestimmt wieder Ihrer verlockenden Amaryllis und holen sie deshalb wieder ins Zimmer, wo das Ritual des Erwachens bis zur vollendeten Blüte seine jährliche Wiederholung findet.

Nun bleibt nur zu hoffen, daß ich auch den zaghafteren Blumenfreunden den Mut eingeflößt habe, in Zukunft zu den Amaryllisfanatikern zu zählen. Solche Fanatiker besitzen dann nämlich nicht nur eine einzige Riesenzwiebel und deren Nachkommen. Nein, sie besitzen meistens so viele Zwiebeln, daß jede Farbschattierung dieser großartigen Blumen an ihren Blumenfenstern zu bewundern ist. Und ich muß gestehen, daß dies auch bei mir der Fall ist. Also werde ich jedesmal sehr hellhörig, wenn aus dem Sektor der Amaryllis Neuheiten gemeldet werden. Und weil meine Angehörigen und sämtlichen Freunde von dieser meiner weiteren Schwäche längst Kenntnis haben, kann es mir leicht passieren, daß zu Weihnachten gleich mehrere Amarylliszwiebeln – festlich eingehüllt – unter dem brennenden Weihnachtsbaum meiner Bekanntschaft entgegenschwitzen ...

Ismene „festilis“

Es gibt aber auch noch andere Amaryllisgewächse, die man, allerdings nicht blühend, als Weihnachtsgeschenk überreichen kann, denn ihre Blütezeit liegt – je nach Kulturbeginn – zwischen März und Juli. Die Zwiebeln sind jedoch bereits ab November im Handel – und je früher man pflanzt, desto eher blüht es. Ich denke hier an die phantastische *Ismene „festilis“*, deren schneeweiße Blüten seltsam eingeschnitten sind und – ähnlich der Amaryllis – an einem hohen Stengel sitzen. Dieses Gewächs stammt aus Mexiko. Auch die *Jakobslilie (Sprekelia „formosissima“)* mit ihren großen, knallroten Blüten von ganz eigenartiger Schönheit ist von dort zu uns gekommen. Als sie Ende des 16. Jahrhunderts nach Spanien gebracht wurde, fiel die Ähnlichkeit der Blütengestalt mit dem roten Kreuz des spanischen Ritterordens St. Jakobus von Calatrava auf, der im Jahre 1158 zur Verteidigung des Schlosses Calatrava gegen die Mauren als ältester spanischer Ritterorden gegründet worden war. Ein bekannter Botaniker gab der Pflanze zuerst den Namen „Amaryllis formosissima“; ihren heutigen Namen erhielt sie zu Ehren des Hamburger Ratssekretärs von Sprekelsen, der die Pflanze ursprünglich an den Botaniker Linné gesandt hatte.

Ab November pflanzt man die Zwiebeln der Ismene und Sprekelia in 10er- oder 12er-Töpfe; es eignen sich natürlich auch Schalen, und darin finden gleich mehrere Zwiebeln nebeneinander Platz. Die Zwiebeln sollen ungefähr ein Drittel aus der Erde herausragen. Am besten eignet sich eine sandige, humusreiche Erde. Bis zum Austreiben der Blätter- und Blütenstiele ist der Topf nur mäßig feucht zu halten und auch nicht zu warm zu stellen. Die richtige Temperatur wäre zwischen 5° und 10→ C, und diese Bedingungen sind am ehesten im Keller zu finden. Sobald die Zwiebel mit dem Austrieb beginnt, braucht sie mehr Wärme und Wasser, weshalb sie in ein helles Zimmer umziehen darf.

Diese Pflanzen stehen nach der Blütezeit – die ja bereits in die warme Jahreszeit fällt – am liebsten an einem sonnigen Platz im Garten oder auf der Terrasse. Sie dürfen diesen Pflanzen dann ohne weiteres ab und zu etwas Wasser offerieren. Ab September wird das Gießen wieder gänzlich eingestellt, damit sich die Blätter lösen. Bei dieser Gelegenheit zieht sich der Saft in die Zwiebel zurück, und die Pflanze kann dadurch neue Kräfte für die nächste Blüte sammeln.

Bis zum nächsten Antreiben – also nach einer völligen Ruhezeit von ungefähr 2 bis 3 Monaten – wird die Zwiebel in einem völlig trockenen und kühlen Raum gelagert. Und dann? Nun, jetzt wissen Sie es längst: Dann beginnt das spannende Spiel von neuem.

Ist es nicht beglückend, daß eine Gärtnerseele selbst mitten im Winter nie arbeitslos wird?

Sprekelia „formosissima“

Dezember

Hin und wieder hört man klagen, daß die herrliche, blütenreiche Zeit für mindestens vier Monate vorüber sei – und manchmal nickt man gedankenabwesend dazu, obwohl man eigentlich wissen müßte, daß auch *blühende Zimmerpflanzen* einen langen und kalten Winter aufs schönste überbrücken helfen.

Und deshalb trauere ich dem abschiednehmenden „Gartenjahr" nur mit einem halbtränenden Auge nach und lache mit der anderen Hälfte einem Winter zu, der mir allerlei Kurzweil mit Pröbeleien, vor allem aber eine reiche Blütenfülle in den vier Wänden bescheren soll.

Was kann uns der Winter denn schon an blühenden Zimmerpflanzen bringen, fragen Sie jetzt vielleicht? Nun, es sind ihrer viele. Und nicht wenige von ihnen sind während des Sommers ein wenig in Vergessenheit geraten. Es scheint jetzt beinahe, als würden sie uns zulächeln und in Erinnerung rufen, daß auch sie zauberhafte, elegante und bunt-fröhliche Blüten hervorzubringen imstande sind. Und wie recht sie haben.

Denken Sie nur an die pastellfarbenen, reichblühenden Cyclamen, die blau- und rosafarbenen Usambaraveilchen, den imposanten Stechapfel, die bei richtiger Pflege beinahe das ganze Jahr hindurch blühende Flamingoblume, den immer noch in Blüte stehenden Zimmerahorn, die unzählig vielen Begonien- und Primelsorten, die blumenübersäten Azaleen – und auch an die leider viel zu selten gesehene Gardenie oder Bouvardie. Sie alle überraschen uns immer wieder mit neu hervorsprießenden Blüten, weshalb es vielleicht gut ist, wenn wir uns einige davon näher „unter die Lupe" nehmen.

Aus der Familie der „Krappgewächse", zu der als bekannteste Nutzpflanze der Kaffeebaum zählt, stammen die *Gardenie* und die *Bouvardie.* Als Topf- oder Schnittblumen spielten die Gardenien früher eine große Rolle. Schade, daß dies heute nicht mehr oft der Fall ist. Es sind Sträucher aus den Tropen und Subtropen Afrikas und Asiens, die sich mit großen, weißen oder gelben Blüten schmücken. Bei uns begegnet man der aus dem südlichen China stammenden Sorte Gardenia jasminoides am meisten. Es handelt sich hier um einen kleinen Strauch mit glänzend-grünen Blättern und weißen, betörend duftenden Blüten, die uns ein wenig an Kamelienblüten erinnern. Gardenien gedeihen bei aufmerksamer Pflege recht gut, und es ist vielleicht vorteilhaft, dieser wunderschönen Zimmerpflanze einige Wünsche zu erfüllen.

Sie ist sehr empfindlich gegen kalkhaltiges Wasser und rächt sich auch meist für eine Unterkühlung im Wurzelbereich. Sie möchte gerne hell, aber nicht allzu sonnig stehen und ist vor allem für Sprühbehandlungen und hohe Luftfeuchtigkeit sehr dankbar.

Eine sehr nahe Verwandte dieser etwas anspruchsvollen Schönheit ist die nicht minder anspruchsvolle *Ixora chinensis* oder auch *Ixora griffithiana* aus Burma, welche bestechend schöne, rosafarbene Blütenbüschel hervorzaubert.

Ähnliche Blütenstände haben weitere Verwandte – alles „Krappgewächse" –, von denen ich vor allem noch die weißen, rosa oder rotblühenden Bouvardiahybriden, die auch als Schnittblumen angeboten werden, sowie die ausgesprochen im Winter blühenden *Pentas lanceolata,* deren Heimat von Abessi-

Gardenie

Ixora

Flamingoblume – Anthurium

nien bis Arabien reicht, und die sehr zarte, wunderschöne blaßrosafarbene Blüten zeigt, hervorheben möchte.

Die Pentas hat übrigens die ähnlichen Pflegeansprüche wie die Gardenie; die Ixora liebt ebenfalls Wärme, Feuchtigkeit und Halbschatten, verlangt aber nach jeder Blütezeit eine kleine Ruhepause von ungefähr vier Wochen. Während dieser Zeit soll auch nur wenig gegossen werden.

Bouvardien sind die Bescheideneren in diesem Reigen. Im Sommer stehen sie zwar gerne im Halbschatten, doch bereits im Herbst dürfen sie an einen hellen und sonnigen Standort im Zimmer rücken. Im Sommer verlangen sie recht viel, im Winter hingegen sehr wenig Wasser; und im Frühling lieben sie es, umgetopft zu werden. Bei dieser Gelegenheit dürfen ihnen die Wurzeln leicht zurückgeschnitten – oder auch nur gekürzt werden.

Wer sich spannende Augenblicke gönnen möchte, versucht es bei der Bouvardia auch einmal mit Zweigstecklingen. Sie bewurzeln sich nämlich relativ rasch, vor allem, wenn sie im Frühjahr geschnitten werden. Tauchen Sie bei allen Zweigstecklingen die Schnittstelle in einen schwarzen Bewurzelungs-Hormonpuder, den Sie in jedem Samenfachgeschäft kaufen können. Anschließend topfen Sie die Stecklinge in ein regelmäßig feucht zu hal-

Bouvardie

tendes Erde-Sand-Gemisch ein, wobei Ihnen ein übergestülptes Glas oder ein luftundurchlässiger Plastiksack mithelfen, den Bewurzelungsprozeß zu beschleunigen, wenn nicht sicherzustellen. So bleibt die Luft gespannt und eine konstante Feuchtigkeit ist ebenfalls gewährleistet. Beides sind wichtige Voraussetzungen, aus Triebstecklingen gesunde und blühfähige Pflanzen heranzuziehen.

In den Blumengeschäften tauchen jetzt auch wieder *Korallenblumen* auf, deren botanischer Name *„Kalanchoe blossfeldiana"* lautet und die Sie eventuell unter der volkstümlichen Bezeichnung „Flammendes Käthchen" noch besser kennen. Die Kalan-

Korallenblume – Kalanchoe

choe ist eine Angehörige der „Dickblattgewächse". Ihre hübschen, korallenroten Blütenstände sind nicht nur ein reizvoller Anblick, sondern auch von enorm langer Haltbarkeit.

Auch eine Kalanchoe können Sie durch Stecklinge sehr gut selber vermehren. Hierfür eignen sich sowohl gesunde Blätter, an denen sich noch ein Stückchen Stiel befinden sollte, wie auch Kopfstecklinge, wozu meistens nur ein langstieliger Blütenstand erforderlich ist. Beide Stecklingsarten bewurzeln sich gut und rasch in feuchtem Sand. Wenn sich genügend Wurzeln gebildet haben, topft man die neuen Korallenblumen in eine handelsübliche, mit viel Sand vermischte Erde ein.

Ich will Ihnen gerne verraten, wie ich zu einer phantastischen Kalanchoehybride gekommen bin, ohne einen einzigen Pfennig dafür auszulegen. Ich ließ mir kurzerhand einen herrlichen Blütenstengel schenken. Lachen Sie jetzt nicht gleich; wer weiß, ob Sie es mir nicht noch nachmachen.

Kalanchoehybriden werden nämlich als Schnittblumen verkauft, und sie sehen hinreißend schön aus. Die Blütenstände sind farblich recht unterschiedlich; es gibt gelbe, orangefarbene und korallenrote, deren Größe ich auf das Doppelte, im Vergleich zu den üblichen Topfpflanzensorten, schätze.

Und nun kommt mein Geheimnis: Ich ließ den „geschenkten" Blütenstengel wochenlang in der Blumenvase stehen. Gerechtigkeitshalber muß ich betonen, daß die Blüte auch wochenlang frisch und schön geblieben ist. Das Wasser ergänzte ich hin und wieder – und eines schönen Tages wollte ich die – nun endgültig verblühte – Kalanchoe fortwerfen. Das habe ich dann aber doch nicht getan. Denn in der Zwischenzeit hatten sich in der Vase eine Unmenge Wurzeln gebildet, die nur noch darauf zu warten schienen, eingetopft zu werden. Seither besitze ich eine Kalanchoehybride, die immer wieder wundervoll blüht – und mich überhaupt nichts gekostet hat.

Daß der *Weihnachtskaktus* ebenfalls ein Winterblüher ist, muß ich Ihnen bestimmt nicht sagen. Kennen Sie hingegen die *„Aechmea fasciata"*, die unter der Sammelbezeichnung *„Bromelie"* segelt – und demzufolge ein Ananasgewächs ist? Alle Aechmeen besitzen derbe, bedornte, wunderhübsch gezeichnete und getönte Blätter. Die Sorte „fasciata" macht uns vor allem mit gro-

Die Aechmea ist ein Ananasgewächs

ßen, mehrfarbigen Blütenständen, die sich übrigens einige Monate lang halten, viel Freude.

Dasselbe könnte man auch von der *Vriesea* sagen, deren langer Blütenstand wie ein feuriges Schwert zum Himmel beziehungsweise zur Zimmerdecke ragt.

Vriesea

Auch die *Veltheimie* gehört zu den Winterblühern. Sofern Sie dieses wunderschöne Zwiebelgewächs mit seinen grünen, gewellten Blättern und den zahlreichen hellroten, gelblichgrünen – und oftmals monatelang haltbaren – Blütentrauben noch nicht kennen, dann ist es tatsächlich allerhöchste Zeit, diese „Bildungslücke" auszugleichen. Es geht ja schließlich um einen „blütenreichen" Winter.

Deshalb greifen wir auch immer wieder gerne zu den unermüdlich blühenden *Usambaraveilchen.* Diese Pflanze ist das weitaus bekannteste „Gloxiniengewächs". Seine Heimat ist die Küste Ostafrikas. Neben der bekannten dunkelvioletten Wildform gibt es auch Sorten mit weißen, rosaroten und feuerroten Blüten, sowie gefüllte Formen. Das Usambaraveilchen, auch Saintpaulia genannt, ist in den USA besonders beliebt. Dort gibt es sogar Saintpaulia-Gesellschaften – und das ist weiterhin gar nicht verwunderlich, denn auch bei uns gehört diese Zimmerpflanze zu den beliebtesten.

Ziehen wir Rückschlüsse auf die Heimat des Usambaraveilchens, dann müßte es um seine Zimmertauglichkeit schlecht bestellt sein. Doch, das Gegenteil ist der Fall. Bei richtiger Pflege hält es sich hier sogar erstaunlich gut und lange. Vor direkter Sonne müssen wir dieses schattenliebende Gewächs im Sommer allerdings schützen. Im Winter verlangt die Saintpaulia einen möglichst hellen Platz, doch verträgt sie auch in der lichtarmen

Usambaraveilchen blühen fast das ganze Jahr

Zeit keinesfalls Südsonne. Nord-, Ost- und Westfenster sind für sie ideal. Die Raumtemperatur sollte möglichst gleichmäßig sein und nicht unter 15° C fallen. Besonders wichtig ist „zimmerwarmes" Gießwasser, das außerdem am besten in den Unterteller gegossen wird. Dadurch vermeiden wir die Blattfäule, die oft dadurch entsteht, wenn Blätter und Blüten mit Wasser bespritzt werden. Besonders dankbar ist die Pflanze für eine recht hohe Luftfeuchtigkeit, und da das Usambaraveilchen keine Ruheperiode durchmacht, sollte die Raumtemperatur auch im Winter möglichst gleich sein.

Während der Hauptwachstumszeit im Sommer wird alle zwei bis drei Wochen gedüngt, und wenn wir nun alle diese Punkte beachten, dürfte bei dieser Pflege ein Usambaraveilchen sozusagen während des ganzen Jahres – also auch im Winter – ununterbrochen blühen. Da es sich bei dieser hübschen Pflanze um einen sogenannten „Flachwurzler" handelt, ist es vielleicht nützlich zu wissen, daß flache Schalen und Töpfe am günstigsten sind. Achten Sie vor allem darauf, daß sich auf dem Topfboden genügend Topfscherben oder kleine Kieselsteine befinden, die einen guten Wasserabzug sicherstellen.

Begonien und Cyclamen sind winterblühende Zimmerpflanzen, die überhaupt nie verleiden, finden Sie nicht auch?

Das Alpenveilchen unseres Fensterbrettes heißt zwar „Cyclamen persicum", kommt aber in Persien gar nicht vor. Seine Heimat ist vielmehr das östliche Mittelmeergebiet und das südliche Kleinasien. Die züchterische Bearbeitung des Alpenveilchens begann erst in der zweiten Hälfte des letzten Jahrhunderts, zunächst in England, dann in Frankreich und in Deutschland. Es wurden dunkelrote, lachsfarbene, ganz weiße und zweifarbige Blüten erzielt, und erst noch gefranste und auch gefüllte Formen. Die Farbskala ist heute noch etwas weiter gespannt, und in jüngster Zeit kommen großartige Zwergformen auf den Markt. Ich kenne jedenfalls niemand, der dieser zarten, eifrig blühenden Pflanze widerstehen kann. Wie Cyclamen zu pflegen sind, habe ich Ihnen bereits im Novemberkapitel beschrieben.

Ende des 18. Jahrhunderts hielten die ersten *Begonien* ihren Einzug in Englands Gewächshäuser – und seither ist die Zahl der Arten und vor allem der aus Züchtungen hervorgegangenen

Hybriden beinahe unübersehbar geworden. Man unterscheidet vorwiegend Blatt-, Blüten- und Strauchbegonien.

Vielleicht kennen Sie die Sorte „Begonia semperflorens" auch unter der Bezeichnung „Immerblühendes Schiefblatt", was eigentlich gar nicht ungeschickt ausgedrückt ist, denn die Blühdauer dieser Begonien ist sagenhaft lange; sie blüht tatsächlich beinahe immer.

Bereits im Jahre 1821 ist die „Begonia semperflorens" auf ganz unverhofft lustige Weise nach Berlin gelangt. Ein Sämling dieser Begonienart schlummerte unbeachtet in der Erde anderer, aus Brasilien eingeführter Pflanzen, und entwickelte sich eines schönen Tages zu einer der uns heute bestens bekannten Topfpflanzen mit prächtigen Blüten, die weiß, rosa, rot, orangefarben bis lachsrot sein können, und die uns wegen ihrer Fülle und Zartheit immer wieder entzücken.

Als „Winterblüher" kommt auch die Sorte „gracilis" in den Handel. Doch, gleichgültig um welche Form es sich nun handelt, bevorzugen alle Begonien möglichst kalkfreies Gießwasser! Sie werden regelmäßig, jedoch mit Vernunft gegossen und stehen am allerliebsten an einem hellen, eher kühlen Platz.

Wundervolle Farbeffekte bringen uns im Winter auch die Azaleen ins Haus. Wer kennt sie nicht – die bunt leuchtenden und dennoch zart-farbenen *Zimmerazaleen!* Aus jedem Blumengeschäft lachen sie uns entgegen und werben um unsere Gunst.

Sie wissen es bestimmt: Azaleen gehören zur Gattung „Rhododendron" aus der großen Familie der Heidekrautgewächse, also der „Ericaceen". Sommergrüne, laubabwerfende Rhododendren werden gewöhnlich auch als Azaleen bezeichnet, stellen aber keine eigene Gattung dar. Bei ihnen sind gelbe und orange Farbtöne sehr häufig. Die immergrünen „Indischen Zimmerazaleen" stammen von der rotblühenden Sorte Rhododendron „indicum" ab, die aber nicht etwa in Indien, sondern in Japan zu Hause ist. Anfang des 19. Jahrhunderts kamen sie bereits als Gartenform aus Japan über England – und dann über Belgien und Frankreich nach Deutschland und der Schweiz. Es wird vermutet, daß sie auf Rhododendron „simsii" zurückzuführen sind, einen immergrünen Strauch mit rosafarbenen Blüten, dessen Heimat die Gebirge von China, Formosa und Japan sind.

Obwohl nun die Zimmerazalee aus Japan und China stammt,

Zimmerazaleen

lautet ihr botanischer Name nach wie vor Rhododendron „indicum" – und das soll uns Liebhaber weiter auch nicht stören. Wußten Sie, daß diese lang blühende Topfpflanze bei richtiger Pflege fünf bis zehn Jahr alt werden kann? Ist es noch verwunderlich, daß mehrjährige Pflanzen, übersät mit Hunderten von Blüten, zu einem einmaligen, unvergeßlichen Erlebnis werden können?

Doch was heißt „richtige" Pflege? Nun, zur Beantwortung dieser sehr berechtigten Frage muß ich ein wenig ausholen:

Die Azalee gehört zusammen mit beispielsweise den Kamelien, Gazenien, Ericaceen etc. zu den „kalkfliehenden" Pflanzen. Sie beginnen alle zu kränkeln, sobald der pH-Wert des Bodens über eine gewisse Grenze ansteigt. Die Blätter werden dann gelb und fallen sogar ab; das ist ein sicheres Anzeichen dafür, daß sofort gehandelt, behandelnd eingegriffen werden muß. Und zwar so:

Wenn möglich, sollten wir alle Rhododendrongewächse mit Regenwasser oder mit entkalktem Wasser gießen. Fehlt solches Wasser, dann greifen Sie doch wenigstens zu abgestandenem Gießwasser. Sie können aber auch kleinere Wassermengen mit ! fein zerkrümeltem Torf enthärten. Dazu füllen Sie pro 1 Liter Wasser mindestens 20 Gramm Torfmull in ein Säckchen und hängen dieses etwa einen Tag lang in das Gießwasser. Diesen Torfmull-„Enthärter" können Sie allerdings nur zwei- bis dreimal verwenden. Danach läßt seine Bindekraft für Kalk stark nach, und Sie sollten ein neuhergerichtetes Torfmullsäckchen ins Gießwasser hängen. Natürlich ist mit Torf enthärtetes Wasser keineswegs dem Regenwasser gleichzusetzen, aber Sie können die Härte immerhin von 18° auf 4–5° absenken – und das ist doch bereits ein erheblicher Gewinn. Außerdem können Sie in den meisten Samenfachgeschäften pH-Tabletten kaufen, die die verbleibende Resthärte des Wassers völlig zu neutralisieren vermögen. Dann sollte dem herrlichen Gedeihen Ihrer Zimmerazaleen nichts mehr im Wege stehen. Denken Sie noch daran, daß diese Pflanze weder Ballentrockenheit noch stauende Nässe verträgt und für viel Luftfeuchtigkeit dankbar ist.

Möchten Sie nun auch zu jenen Azaleenfreunden gehören, die ihre Pflanzen jahrelang erneut zu immer schönerer und reicherer Blüte bringen? Dann sollten Sie sich folgende Tips noch merken:

Dicht verzweigte Pflanzen sind sofort nach der Blüte auszulichten; gleichzeitig sind einzelne, zu lange Triebe zurückzuschneiden, um der Pflanze eine schöne Form zu geben. Nach dem Abblühen wird die Azalee in einen hellen, kühlen Raum gebracht. Bereits ab Mitte Mai darf die Pflanze im Halbschatten des Gartens eingepflanzt werden. Regelmäßiges Gießen mit kalkfreiem Wasser und Düngen ist auch im Freien notwendig. Ab September topfen Sie die Azalee wieder ein und bringen sie in ein helles, aber kühles Zimmer. Jetzt sind die Wassergaben etwas einzu-

Viel Wasser und ein heller, nicht zu warmer Platz am Fenster lassen die Topfheide – Erica – wochenlang blühen. Freilich gedeihen sie im Freien noch besser

schränken. Dagegen ist während der langen Blütezeit, wo die Azalee im wärmeren Wohnzimmer stehen darf, reichlich zu gießen und regelmäßig in der Woche mit 1 Gramm Volldünger je 1 Liter Wasser zu düngen.

Soll ich wetten, daß Sie fortan von Jahr zu Jahr noch mehr – und noch schönere Zimmerazaleen besitzen, weil Sie diesem „Blühwunder" nun nicht mehr länger entsagen möchten und Ihnen die Pflege dieser Topfpflanze aufgrund dieser wenigen Tips unbedingt gelingen sollte?

Beim Aufzählen von einigen „kalkfeindlichen" Pflanzen habe ich auch die *Topfheide (Erica gracilis)* erwähnt, jene kleinen, dichten Büschlein in Töpfen, die mit unzählig vielen, rosaroten und äußerst zierlichen Blütenglöckchen besetzt sind.

Überall dort, wo die Temperaturen niedrig bleiben (etwa bei 8 bis 10° C), blühen diese Pflanzen ohne besondere Pflege oft wochenlang. Ein heller und luftiger Platz sowie große Mengen Gießwasser, das nach Möglichkeit enthärtet sein sollte, sind der Topfheide sehr willkommen. Am allerliebsten steht sie im Freien und blüht dort auch viel reicher und schöner, vor allem auch wesentlich länger. Der größte Feind der Topfheide heißt „Trockenheit". Manchmal stirbt diese liebliche Pflanze bereits beim einmaligen Austrocknen des Wurzelballens. Achten Sie deshalb beim Auspflanzen streng darauf, daß die Erika bis zum Halse in der Erde steckt, und entfernen Sie ihr nach Möglichkeit den Tontopf. Sie wird im Freien deshalb nicht etwa weiterwachsen, doch wird ihr Wurzelballen wesentlich mehr Feuchtigkeit aufnehmen können.

Ich kann mir Ihr Glück vorstellen, wenn Sie im Laufe des Winters ein *„Nadelkissen"* geschenkt bekommen. Dieses „Nadelkissen" stammt freilich nicht aus einer Kurzwarenhandlung, sondern ist – wie könnte es anders sein – eine Blume. Weil dieses „Nadelkissen" etwas ganz Besonderes und Außergewöhnliches ist, wird es vom Floristen auch äußerst sorgfältig und liebevoll mit Seidenpapier eingehüllt. Beim Auswickeln stehen Sie dann entzückt vor einer grandiosen Blüte, deren Heimat Südamerika ist: einer Leucospermum-Blüte.

Möglicherweise handelt es sich dann um die Sorte *„Leucospermum nutans"*, deren wundervolle Blüten gelb bis beinahe kupferrot gefärbt sind, und die in ihrer Heimat in kugeligen Köp-

Eine Leucospermum-Blüte ist ein verblüffender Vasenschmuck

fen von der Größe einer Faust an Sträuchern beisammen wachsen. Ein großer Strauch kann Hunderte solcher Kugeln tragen. Wegen der weit herausragenden Griffel werden sie am Kap deshalb „Nadelkissen" genannt. Jede einzelne der unzählig vielen Blüten, die sich im Köpfchen – von außen nach innen fortschreitend – öffnen, ist bogenförmig nach oben gekrümmt. So kann ein Nektarvogel, der sich auf die Mitte des Köpfchens setzt, seinen Schnabel sehr gut in die Blüten senken, Nektar aufnehmen und Pollen übertragen. Diese Nektarvögel sind übrigens etwas größer als unsere Amseln, aber wesentlich schlanker.

Nun könnte es aber auch sein, daß Sie die Sorte Leucospermum „reflexum" gekauft oder geschenkt bekommen haben. Dabei stellen Sie fest, daß sich bei dieser Art die äußeren Blüten scharf nach unten schlagen, sobald sie abgeblüht sind, und sich von der Kugel mit den gerade geöffneten und den noch geschlossenen Blüten trennen. Der Artname „reflexum" bedeutet denn auch „zurückgebogen". Die jungen Blüten dieser Sorte sind kräftig orangerot gefärbt und besitzen kontrastreiche, gelbe Spitzen.

Diese beiden genannten Arten werden in jüngster Zeit im Kapland häufig als Ziersträucher angepflanzt; sehr wahrscheinlich deshalb, weil diese Sträucher wochenlang über und über voll mit Blüten besetzt sind, die zudem einen guten Exportartikel darstellen.

Leucospermum ist eine Proteacea, also ein „Proteusgewächs". Jene Proteacea, die am häufigsten im Blumenhandel angeboten wird, ist die *„Grevillea robusta"*, die Ihnen vielleicht unter ihrem Phantasienamen „Australische Silbereiche" oder „Seideneiche" besser geläufig ist. Ihre etwa 20 cm langen, fein gegliederten Fiederblätter erinnern uns an Farnblätter, niemals aber an solche von Eichen! Sie ist zugleich die einzige Proteacea, die als Blattpflanze auch im Zimmer gedeiht. Allerdings ist sie bei uns nicht zur Blüte zu bringen, denn dazu müßte sie erst zu einem großen Baum herangewachsen sein. In den Subtropen wird diese Art hingegen vielfach als Zierbaum gehalten, und in voller Blüte sieht die Grevillea robusta sehr schön aus. Dem modernen Flugverkehr haben wir es zu verdanken, daß wir auch diese Blüten bei uns in ihrer großartigen Schönheit bewundern können. Ganz abgesehen davon, gibt es auch einzelne strauchig wachsende Arten, die bei uns in Kalthäusern gehalten und zum Blühen gebracht werden können. Dazu gehören zum Beispiel die Grevillea „thelemanniana" mit rosafarbenen Blüten, die Grevillea „sulphurea" mit gelben Blüten, sowie die Grevillea „glabrata" mit schneeweißen Blüten.

Wenn ich nun von viel zu wenig bekannten Zimmerpflanzen spreche, dann muß ich auch noch der *Gynura aurantiaca* ein verdientes „Kränzlein winden". Sie zählt nämlich zu den wenigen Pflanzen, die während des ganzen Jahres an einem sonnenbeschienenen Fenster stehen dürfen, ohne jeglichen Schaden zu leiden. Die Gynura verträgt auch ohne weiteres Temperaturen von 25 und 30° C! Im Hochsommer benötigt Sie nicht einmal einen Sonnenschutz. Daß sie bei so viel Sonne und solchen Temperaturverhältnissen sehr viel Wasser verlangt, ist eigentlich gut verständlich. Hingegen wünscht sie höchstens einmal im Monat gedüngt zu werden; vom November bis im März bekommt sie sogar überhaupt keinen Dünger. Ihre Blütenfülle ist denn auch nicht umwerfend, sondern eher spärlich, vor allem unauffällig. Ihre Stärke liegt in der Blattfärbung, die sich äußerst dekorativ ausnimmt, besonders in Gesellschaft von Grünpflanzen.

Das Blatt selber ist eigentlich dunkelgrün, doch sieht man davon nicht viel, weil sich darüber eine prachtvolle violette Behaarung ausbreitet, die den Blättern einen samtartigen Gesamteindruck vermitteln. Die Gynura stammt ursprünglich aus Indien und eignet sich für ein Blumenfenster deshalb so außerordentlich gut, weil sie sich um so schöner entwickelt, je mehr Licht sie empfängt.

Die Gynura aurantiaca schießt gerne etwas in die Höhe. Sollten sich die kräftig entwickelten Triebe nicht selbst tragen, so sollten sie mit Blumenstäben gestützt oder entsprechend aufgebunden werden. Im Blumengeschäft oder in der Gärtnerei hat man aber mit größter Wahrscheinlichkeit bereits dafür gesorgt, daß sich die Pflanze besser und üppiger verzweigt, und auch stabilere Triebe bekommt, indem man die jungen Triebe rechtzeitig entspitzt hat. Das ist ein weiterer Trick, den Sie sich auch noch für viele andere Pflanzen merken sollten.

Im Dezember sind Zweige der „Leuchtenden Wolfsmilch" und Weihnachtssterne als Schnittblumen oder Topfpflanzen hochaktuell. Ich nehme an, daß Sie beide Pflanzen gut kennen. Die „Leuchtende Wolfsmilch" ist eine wundervolle Pflanze, deren Zweige zwar nicht unter dieser, sondern unter der Bezeichnung *„Euphorbia fulgens"* in Blumengeschäften zu kaufen sind. Die dunkelgrün belaubten und sehr schlanken Zweige sind dicht besetzt von wunderschönen orangeroten Blüten, die einen Durchmesser von knapp einem Zentimeter haben.

Wie bei allen „Euphorbiaceen" handelt es sich um ein „Wolfsmilchgewächs", das sehr empfindlich auf Schnittwunden reagiert. Euphorbienzweige werden vom Floristen speziell behandelt und dürfen nicht noch ein zweitesmal nachgeschnitten werden. Bei allen anderen Schnittblumen ist es eigentlich lobenswert, wenn wir sie vor dem Einstellen in eine Vase am Stielende nachschneiden. Bei Wolfsmilchgewächsen ist diese Tat eine Sünde. Und die Rache folgt alsobald. Die herrlich leuchtenden, orangefarbenen Blüten schrumpfen plötzlich zusammen und fallen ab, wo sie doch eigentlich für lange Zeit ein kostbarer Vasenschmuck gewesen wären, vorausgesetzt, der milchige Saft wäre ihnen nicht ausgeflossen, hätten wir sie nur nicht geschnitten. Doch aufgepaßt! Manchmal gibt es doch noch eine Rettung, wenn man diesen Fehler begangen hat:

Halten Sie die Schnittstelle augenblicklich unter heißes Wasser. Dann schließen sich die saftführenden Poren meistens wieder – und Sie dürfen sich an Ihrer „Leuchtenden Wolfsmilch" doch noch uneingeschränkt, oftmals vier Wochen und noch länger freuen.

Der *Weihnachtsstern* ist ein recht naher Verwandter; sein botanischer Name lautet ebenfalls „Euphorbia" oder *„Poinsettia pulcherrima"*. Also handelt es sich auch hier um ein Wolfsmilchgewächs, das so hart und kategorisch auf Verletzungen reagiert.

Der Weihnachtsstern – Poinsettia pulcherrima – ist ein leicht verwundbares Wolfsmilchgewächs

Die Heimat von beiden Pflanzen ist das heiße Mexico; dort entwickelt sich der Weihnachtsstern an feuchten und schattigen Plätzen zu einem breiten, manchmal mehrere Meter hohen Strauch. Als Zierpflanze ist er in allen warmen Ländern verbreitet. So sind zum Beispiel in Kalifornien sehr große Poinsettien-Kulturen im Freien angelegt worden, von wo auch der größte Marktanteil beliefert wird. Von Jahr zu Jahr werden neue Sorten kultiviert, und deshalb begegnen wir längst nicht nur den allbekannten Pflanzen mit den leuchtend roten Hochblättern, sondern auch verschiedenen rosa- und weißgefärbten Sorten. Die eigentlichen Blüten des Weihnachtssterns sind gelb und nur unscheinbar, werden aber von den leuchtkräftigen und sternförmigen Hochblättern umgeben.

Poinsettien werden vorteilhafterweise mit lauwarmem Wasser regelmäßig gegossen und hin und wieder auch besprüht. Bei vorsichtiger Gewöhnung an die Zimmertemperatur kann man diese imposanten Pflanzen mehrere Jahre hindurch halten und auch wieder zum Blühen bringen. Das ist eine sehr reizvolle Angelegenheit. Schneiden Sie deshalb nach der Blüte die Spitze weg, damit sich die Pflanze verzweigt – und dadurch später noch üppiger blüht. Bei dieser Prozedur erleidet der Weihnachtsstern wiederum eine gefährliche Wunde, deren „Ausbluten" sofort mit heißem Wasser oder gestoßener Holzkohle gestoppt und zur Gerinnung gebracht werden kann.

Im Frühjahr sollte die Pflanze in frische Erde umgetopft und während des Sommers an einen halbschattigen Ort ins Freie gestellt werden. Vergessen Sie auch niemals ein regelmäßiges Gießen und Düngen, wobei ich allerdings betonen möchte, daß der Weihnachtsstern nach der Blüte ganz gerne etwa 6 bis 8 Wochen ausruht, nachdem er während des ganzen Winters an einem hellen, warmen Fensterplatz stehen durfte.

Werfen Sie also Ihren Weihnachtsstern nach der Blüte nicht einfach fort. Erproben Sie, ob Sie nicht auch einen „grünen Finger" besitzen und eine Poinsettia bis zum nächsten Weihnachtsfest in einen „blühenden Weihnachtsstern" verwandeln können.

Haben Sie in Ihrem Garten schon nachgesehen, ob sich die Erde zu heben beginnt und sich dadurch das Kommen der Christrosen ankündigt?

So unglaublich es klingen mag: Christrosen sind Verwandte des Rittersporns! Aber ebenso verwandt sind sie mit den Pfingstrosen, der Akelei oder mit Anemonen, denn sie alle gehören zur umfangreichen Familie der „Hahnenfußgewächse", also der „Ranunculaceen".

Auf den ersten Blick will eine so enge Verwandtschaft der Gattungen gar nicht einleuchten, weil gerade die Hahnenfußgewächse einen außerordentlich großen Formenreichtum in den Blüten hervorgebracht haben. Bei genauerem Betrachten läßt sich ein übereinstimmender „Bauplan" allerdings sehr wohl erkennen. Die meisten „Ranunculaceen" sind Stauden, die mit unterirdischem Wurzelstock überwintern, also „winterhart" und demzufolge „perennierend" sind.

Im Winter, vor allem um die Weihnachtszeit, ist die Christrose eine sehr begehrte Schnittblume. Bei richtiger Behandlung hält sie sich auch im warmen Zimmer ausgezeichnet. Vielleicht ist es nützlich, zu wissen, daß die Stiele bis zum schneeweißen Blütenköpfchen gespalten und zusätzlich noch in recht warmes Wasser gestellt werden sollten. So bleiben die Blüten meistens auch reinweiß und halten sich lange frisch.

Wußten Sie, daß die Christrosen zwischen den großen Blütenhüllblättern und den zahlreichen Staubblättern noch sogenannte Nektarblätter besitzen? Diese Nektarblätter stellen kleine, grüne Becher dar, die von Bienen besucht werden, wobei dann eine Fremdbestäubung vermittelt wird. Damit dies überhaupt möglich wird, wartet die Christrose mit dem Blühen oft bis im März, wo bei warmem Wetter die fleißigen Bienen wieder in Aktion treten. Diese Nektar- oder Honigblätter fallen nach der Blüte ab, wogegen die Blumenblätter bis zur Fruchtreife stehenbleiben. Sie verfärben sich dann lediglich, sie werden grün. In der Reife öffnen sich die Fruchtblätter, die zusammen einen Stern bilden. Es sind sogenannte „Balgkapseln", welche meistens vom Regen ausgespült und manchmal ziemlich weit fortgeschwemmt werden. Deshalb stehen wir oftmals sehr erstaunt vor Christrosengrüppchen, die in unserem Garten plötzlich vor uns auftauchen, aber nie eingepflanzt worden sind. Doch nicht nur der Regen ist am Forttragen der Samen beteiligt, hier sind auch noch Ameisen am Werk. Die schwarzen Samen der Christrosen haben nämlich ein weißes, ölhaltiges Anhängsel, das von den Ameisen überaus geschätzt – und demzufolge auch verschleppt wird. Verlorengegangene und nicht verspeiste Christrosensamen erscheinen dann eines schönen Tages ebenfalls als blühende Pflanzen, die wie das Eigelb zum Ei, als Blumen zur Weihnachtszeit gehören.

Wir reden von der Weihnachtszeit, einer Zeit, die für viele Menschen sehr hektisch, allzu hektisch verläuft. Fassen Sie einen äußerst guten Vorsatz: genießen Sie die schöne Weihnachtszeit. Lassen Sie sich vom Geschäftsrummel zumindest nicht überfahren. Gönnen Sie sich vielmehr geruhsame Erholungsstunden, die Ihnen Zeit genug lassen, den Sinn der Weihnachtszeit zu erfassen.

Ich wüßte Ihnen eine spannende und gleichzeitig interessante Dezemberbeschäftigung, die Ihnen später viel Freude bereiten wird. So viel Freude jedenfalls, daß Sie sich immer wieder gerne an diesen Dezember zurückerinnern.

Sie haben sicher auch beobachtet, daß in den vergangenen Jahren sogenannte *„Flaschengärten"* in große Mode gekommen sind. Und bestimmt sind Sie auch schon vor einem Flaschengarten gestanden und haben darüber nachstudiert, wie all die vielen und gesundheitsstrotzenden Pflanzen wohl in die Flasche hineingekommen sind! Dabei haben Sie vermutlich den leisen – und immer stärker werdenden Wunsch verspürt, ebenfalls einmal einen solchen Flaschengarten zu besitzen.

Ich kann Sie nur allzu gut begreifen. Deshalb möchte ich Sie auch dazu ermuntern, sich einen Flaschengarten zuzulegen. Während des Winters haben Sie Zeit genug, sich diesem – manchmal nicht ganz problemlosen – Zusatzgarten zu widmen.

Als Glasgefäß kommen eigentlich alle Gläser in Frage, die man gut verschließen kann, so zum Beispiel chemische Flaschen mit eingeschliffenem Stöpsel, große Ballonflaschen mit dazupassendem Korken, Bonbonsgläser für kleine Pflänzchen sowie eventuell auch Aquarien, die mit einer Glasplatte überdeckt werden können. Grüne Gläser eignen sich nicht, wenigstens nicht besonders gut.

Das größte Problem ist das Bepflanzen der Flasche. Mit etwas Geduld, und noch mehr Fingerspitzengefühl, ist diese Hürde aber gut zu nehmen. Die zweite Hürde wird die Schaffung des richtigen Klimas im Inneren der verschlossenen Flasche sein. Das luftdichte Verschließen des Gefäßes entledigt Sie andererseits für mindestens ein Jahr jeglicher Pflege, einschließlich des Gießens. Die Pflanzenwelt im Glashaus schafft sich hier ihr eigenes Klima und sorgt für sich selbst – bis es ihr eines schönen Tages zu eng wird ...

Haben Sie inzwischen bereits Mut gefaßt, sich einen Flaschengarten anzulegen? Dann wählen Sie dazu am besten Pflanzen, die von Natur aus etwas dicht wachsen und die gerne leicht feucht stehen. Fragen Sie Ihren Gärtner nach solchen Pflanzen. Er wird Ihnen dann auch relativ kleine Pflänzlein aussuchen helfen, die durch die enge Flaschenöffnung „eingeschleust" werden können. Vor allem aber soll er Ihnen Pflanzen geben, die absolut „schädlingsfrei" sind, was eine besonders wichtige Voraussetzung ist.

Zu den problemlosesten Pflanzen für Flaschengärten zählen zum Beispiel die feuchtigkeitsliebenden Farne. Davon gibt es eine Unzahl der verschiedensten Arten und Formen. Die bekanntesten dürften der *Nestfarn (Asplenium nidus)*, der *Frauenhaarfarn (Adiantum)* und die *Pellaea* sein.

Dichte Horste bildet das unkomplizierte *Bubiköpfchen (Helxine soleirolii)*; bodenbedeckend wirkt sich auch das Einpflanzen einer der verschiedenen *Zwergpfeffer*-Sorten *(Peperomia)* oder einer *Zebrapflanze (Tradescantia)* aus.

Ein Flaschengarten

Wundervolle Akzente setzen die *Graslilie (Chlorophytum)* und das kühn in die Höhe wachsende *Zypergras (Cyperus diffusus).* Bestimmt möchten Sie auch etwas Blühendes in Ihrem Flaschengarten! Ich kann Ihnen hier aus eigener Erfahrung sagen, daß die *Blattfahne (Spytiphyllum)* und die *Flamingoblume (Anthurium scherzerianum)* unaufhörlich neue Blüten treiben, sobald sie sich in ihrer Glashauswohnung eingelebt haben, was kaum länger als ein halbes Jahr Zeit beanspruchen dürfte.

Nun aber möchten Sie bestimmt wissen, wie die Pflanzen in die Flasche kommen? Die ausgewählte Flasche muß zuerst gründlich gereinigt und getrocknet werden, bevor Sie eine ungefähr 5 cm hohe Kieselsteinschicht mit Hilfe eines Zeitungspapiertrichters einfüllen. Verteilen Sie den Kies regelmäßig. Dazu verwenden Sie am besten einen Löffel oder eine Gabel, die Sie an einem ungefähr 80 cm langen Bambusstab festgebunden haben. Diese beiden Werkzeuge leisten Ihnen auch noch beim Bepflanzen wertvolle Dienste.

Über die 5 cm hohe Kiesschicht füllen Sie nun eine ungefähr 10 cm hohe (bei kleineren Gefäßen genügen bereits 5 cm) Schicht Einheitserde ein und behelfen sich auch hier wieder mit dem Papiertrichter.

Und dann kommt bereits das Bepflanzen. Als Hilfswerkzeuge dienen Ihnen wieder die an Bambusstäben befestigten Löffel und Gabeln. Sie sind jetzt Ihre „Hilfshände", mit denen die verschiedenen Pflanzen in die Erde eingebettet werden.

Graben Sie mit dem Löffel zuerst ein Pflanzloch und schleusen Sie dann die von sämtlicher Erde befreiten Pflanzen in die Flasche ein. Dazu rollen Sie die jungen, noch kleinen Pflänzchen ganz satt, aber sorgfältig, in eine Zeitung ein – und schon ist das Hindernis, der enge Flaschenhals, bequem zu überwinden. Vorteilhaft ist es, wenn Sie die kleinsten Pflanzen nach außen hin gruppieren und die größten mehr gegen die Mitte rücken.

Sehr sorgfältig sollten Sie zum Schluß das abgekochte Wasser zuführen. Nehmen Sie einen Schlauch zu Hilfe, denn sonst wühlen Sie die Erde und die Kiesschicht unnötig auf und verderben sich die ganze Arbeit. Gießen Sie auch nur so viel Wasser ein, bis die Erde gut feucht aussieht. Es genügt eigentlich bereits, wenn die Kiesschicht im Wasser liegt.

Mindestens 8 bis 10 Tage lang darf das Gefäß nicht geschlossen werden; das überflüssige Wasser muß unbedingt zuerst verdunsten. Nach ungefähr einer Woche dürfen Sie dann den Flaschengarten verschließen, müssen ihn aber vorerst noch unter strenger Kontrolle halten. *Die Glashaus-Wachstumsbedingungen sind richtig, wenn sich das Gefäß tagsüber leicht mit Wasser beschlägt.* Der Niederschlag darf allerdings nicht so dicht sein, daß man die Pflanzen überhaupt nicht mehr sieht. Jedenfalls sollte das Gefäß nach einiger Zeit wieder klar werden. Es kann aber auch sein, daß der Beschlag völlig fehlt; dann aber fühlen sich Ihre Pflanzen keinesfalls wohl. In diesem Falle sollten Sie unbedingt noch etwas Wasser nachgießen.

Vergessen Sie aber nicht, stets abgekochtes Wasser zu verwenden.

Stellen Sie den Flaschengarten hell, aber möglichst nicht direkt an die Sonne. Heizkörper bringen zu große Temperaturunterschiede und sind demzufolge keine geeigneten Nachbarn.

Sobald sich die Feuchtigkeitsverhältnisse reguliert haben, darf der Flaschengarten endgültig verschlossen bleiben. Sie werden staunen, wie gut und schnell die Pflanzen in diesem Glashaus wachsen. Hier herrscht konstant eine Art „Treibhaus-Atmosphäre", und das behagt jeder Pflanze.

Uns allen aber behagt die Beobachtung, wie prächtig hier unsere Pflanzenkinder heranwachsen – und das ist der schönste Lohn.

Zum Schluß

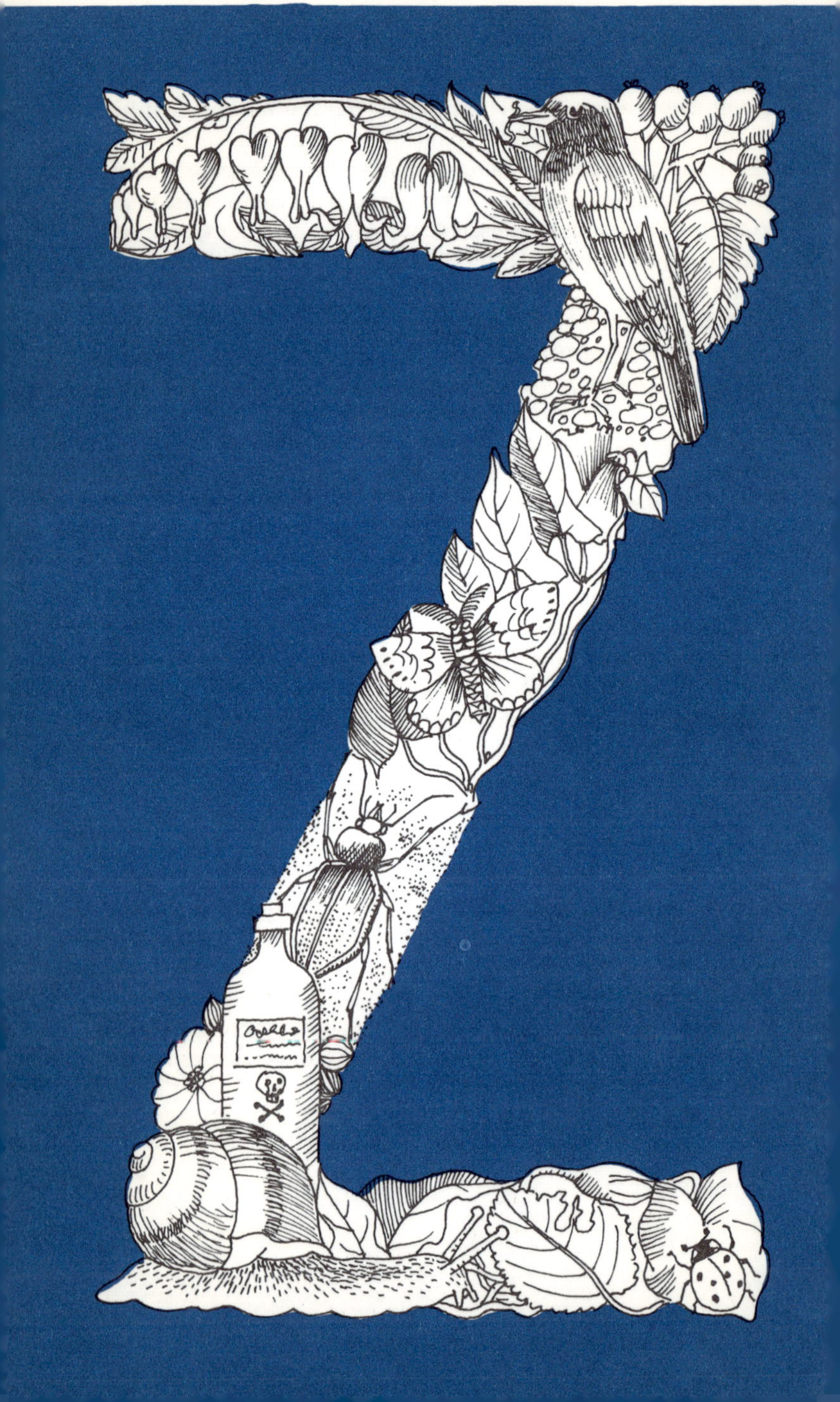

Ich schätze mich immer wieder von neuem glücklich, wenn ich Revidur mache und feststellen kann, daß für mich ein Gartenjahr zur Hauptsache aus „Hochs" besteht. Natürlich erleide ich bei meinem Gärtnereifer oft auch „Tiefs", die ich aber in der Weise überwinde, als spannte ich bei stürmischem Regenwetter einen bunten Sonnenschirm auf! Es hängt doch alles von der Einstellung ab ...

Für mich beginnt das Garten- und Blumenjahr auch nicht erst im Frühling und endet bereits wieder im Herbst. Mit blühenden Blumen kann man sich nämlich während des ganzen Jahres befassen, und sollte es auch nur das Studium von Pflanzenkatalogen sein! Man kann tatsächlich auch von der Vorfreude leben, ja sogar in ihr schwelgen. Wer seine erhoffte Blumenpracht erst im Frühjahr plant, kommt ohnehin zu spät! Zum Planen sind die langen Winterwochen wie geschaffen; sie lassen uns genügend Zeit, mit Muße zu komponieren. Denn, ist es nicht eine Art Komposition, sich im Geiste vorzustellen, wo im kommenden Jahr Neues blühen soll, welche Farben und Wuchshöhen zueinander passen? Und wie bei einer musikalischen Komposition soll nicht die laute Pauke beziehungsweise der kräftige Margeritenbusch zuvorderst – und die zarte Flöte beziehungsweise die liebliche und bescheidene Flockenblume zuhinterst stehen.

Wenn ich dann aber im Sommer gemütlich inmitten der vielen Blumen Siesta halte, dann bleibe ich einem längst gehaltenen Schwur unbedingt treu:

Ich will mich nicht allzu heftig über Schneckenfraß und vom Wind geknickte Blütenstände ärgern. Wie schnell erholt sich doch jede Pflanze stets wieder! Und wer will schon dem Wind verbieten zu blasen, den Schnecken zu leben?

Nur Größenwahnsinnige oder Egoisten dulden lediglich die

eigenen Wünsche, die wiederum nur dem Selbstzweck zu dienen haben!

Was haben wir nicht schon alles angerichtet mit den vielen Insektiziden? Man sollte nicht immer nur davon reden, hier endlich einmal stopp zu sagen; man sollte es vor allem auch tun. Und nicht erst morgen, sondern schon heute!

Denn nicht nur die Schnecken, denen wir heimtückisch giftige Körner vorgelegt haben, sterben daran einen qualvollen Tod; auch Igel und andere Kleintiere gehen elendiglich zugrunde, wenn sie ahnungslos Schnecken verspeisen, die mit solchen Giften in Berührung gekommen sind.

Es gäbe auch oft Igel, Marder, Echsen und selten gesehene Vögel in unseren Gärten, hätten wir sie nicht längst vertrieben oder gar ausgerottet. Entweder haben wir sie direkt oder indirekt bereits vergiftet und getötet, oder sie bleiben weg, weil ihnen die Nahrung, wie etwa Schnecken, Käfer usw., fehlt. Wie dumm und einfältig wir Menschen doch sind! Andererseits aber zählen wir uns bedenkenlos zu den „Naturfreunden“. Es wäre höchste Zeit, sich auch einmal der Bedeutung des Wortes „Naturfreund“ bewußt zu werden!

Wir bespritzen auch Sträucher, Bäume, Rosen und andere Blütenstauden mit Giften, nur weil uns zum Beispiel die Blattläuse lästig sind. All die Vögel unserer Umgebung würden jedoch mit diesem „Läusevolk“ längst alleine fertig, ließen wir ihnen diese Nahrung. Auch Marienkäfer, die kleinen „Glücksbringer“, kämen in hellen Scharen, um Blattläuse zu vertilgen. Und welch großen Appetit sie dabei entwickeln! Doch, sie bleiben fern. Denn auch sie kamen mit Insektiziden in Berührung und mußten sterben ...

Ein Teufelskreis, dem ich Gott sei Dank in letzter Minute noch entrinnen konnte!

Ich machte nämlich die Probe aufs Exempel: Besonders gefährdete Pflanzen schützte ich vor Schneckenfraß, indem ich dünne Streifen von Sägemehl ausstreute. Das hindert die Schnecken am Schleichen, und sie wenden sich weniger Kostbarem zu. Seither aber hüpfen allerlei größere Vögel in meinem Garten herum und prüfen nach, ob ihnen auch keiner dieser „Schleicher“ entgangen sei. Von einer „Schneckenplage“ kann jedenfalls keine Rede sein.

Blattläuse streife ich mit den bloßen Fingern von den Blatt- und

Blütenstielen, sobald ich eine kleine Ansammlung dieser gefräßigen und gebärfreudigen Gesellen entdecken kann. Mit dem Rest werden die vielen Singvögelchen, die ich im Sommer mit einer stets frisch gefüllten Vogeltränke – und im Winter mit ausgestreutem Vogelfutter anlocke, alleine fertig. Seit es bei mir so gute „Dinge" zu picken gibt, nisten meine gefiederten Freunde – von Jahr zu Jahr in größerer Zahl – in meiner unmittelbaren Nähe. In meinem mächtig groß und dicht gewachsenen Chinesischen Wacholder ziehen in friedlicher Gemeinschaft Amseln, Rotkehlchen und Grasmücken ihre Jungen auf.

Gehört das nicht auch zu einem glückseligen Gartenjahr? Und diese Glückseligkeit hängt nun tatsächlich davon ab, wie man es sich einrichtet!

Namen- und Sachverzeichnis

Schräg gesetzte Ziffern weisen auf Abbildungen hin